Eurus

Notus

読書と日本人

津野海太郎

Kaitaro Tsuno

Boreas

Zephyrus

岩波新書
1626

目次

読書と日本人

I　日本人の読書小史

I

日本人の読書小史

1　はじまりの読書

『源氏物語』を読む少女

本はひとりで黙って読む。自発的に、たいていはじぶんの部屋で――。それがいま私たちがふつうに考える読書だとすると、こういう本の読み方は日本ではいつはじまったのだろう。

たぶんあのあたりかな、と思われる記録がふたつ残されています。ひとつは菅原道真の「書斎記」という短い随筆で、九世紀の終わりちかく、平安遷都のほぼ百年後に書かれたもの。そしてもうひとつが、ご存じの『更級《さらしな》日記』ですね。いなか育ちの中くらいの貴族の娘が親戚の女性に『源氏物語』のひと揃いをもらって、われを忘れて読みふける。あの愛すべき一節をふくむ回想録の執筆されたのが十一世紀なかば――。

このふたつの文章から見て、いま私たちが〈読書〉とふつうに呼んでいる行為がこの国に根づきはじめたのは、おおまかにいって、菅原道真から同じ血筋の菅原孝標の女《むすめ》にいたる百五十年ほどのあいだのことだったのではないか、という推測がつく。つまり平安時代の中期。私は専門家ではないので厳密なことはいえませんが、とりあえずそう当たりをつけておくことにします。とりあえずというのは、ざんねんながらこの国には、シロウトの私をしっかり手助けしてくれるような専門家の手になる読書通史のたぐいが、まったく存在しないからです。

比較的なじみがうすいと思われる菅原道真はあとにまわし、まずは『更級日記』の、思いもかけず念願の『源氏物語』を手にした十三歳の少女が、「昼は日がな一日、夜は目の覚めているかぎり、燈火《ともしび》を近くともして」それに読みふけるという例の場面について――。

私自身がまさしくそうだったのですが、たいていの人はあの一節に中学か高校の教科書ではじめて出会い、「ふうん、アタシ(オレ)とそっくり」とちょっと感動し、でもあとはそのまま、あまりなにも考えずに今日まできてしまったんじゃないかな。先生も、とくにそれ以上のことはおしえてくれなかったように思う。しかし、じつはあの小さな名場面こそが、日本人がいまのようなしかたで本を読むようになった、もっとも早い時期における読書現場の記録らしいのです。以下に、そのかなめともいうべき箇所を竹西寛子の現代語訳で引いておきます。

これまでとびとびにほんの少しずつ読むだけで、あまり納得がゆかず、いらいらしていた源氏の物語なのですが、それを第一の巻から、誰にも邪魔されず、几帳《きちょう》の中にこもりっきりで、一冊一冊取り出して読んでゆく心地、もう后《きさき》の位だって問題じゃないと思うくらいでした。

このようにしるした菅原孝標の女《むすめ》(以下、孝標女と略す)が『源氏物語』を読んだのが一〇二一年ごろ。どうやらその十年ほどまえに、紫式部がそれまで十年ちかく書きついできた大長編がやっと完結したらしい。

はじめのうち紫式部は書くたびに一章か二章ずつ、したしい知人たちに読ませて、その反応を見ながら書きすすめていったようです。それがあまりにもおもしろいので、おなじ職場(藤原道長の娘で一条天皇の中宮・彰子《あきこ》の後宮)の女房仲間のあいだで、じぶんで写したり、字のうまい知人にたのんだりして、つぎつぎに写本がつくられるようになった。

ただし当初の読者は、一条帝やごく少数の貴族など、ふだんは中国渡来の儒書や仏教書や史書や漢詩文しか読まず、女性向けに平仮名で書かれたやゝわな物語などは頭からバカにしていた男どもをふくめて、せいぜい百人ていど。しかし、やがてそのおもしろさが女房社会のそとにまでひろがり、このころになると『更級日記』の作者のような地方暮らしの中級貴族の娘までが、評判をきいて胸をときめかすようになっていたらしい。

中級貴族というのは、父孝標の実務官僚としての出世が受領《ずりょう》（地方長官）どまりで、あまりパッとしなかったからです。でも、じつは孝標は菅原道真からかぞえて五代目にあたる〈学問の家〉の末裔で、かれ自身も学者や漢詩人として広く世に知られていた。

おまけにかれの妻、すなわち孝標女の実母の異母姉は『蜻蛉日記《かげろう》』で名高い藤原道綱の母。しかも、もうひとりの妻（孝標女の継母）の叔父は、ほかならぬ紫式部のひとり娘、賢子《かたいこ》と結婚していたというのですからね。『更級日記』の冒頭では「きっとどんなにか田舎びていたことでしょう」としきりに卑下しているが、とんでもない。すくなくとも文学的には、人並み以上に恵まれた環境にそだった人なのです。わたしがこんな物語好きの女になってしまったのは、どうも幼いころ継母と早逝した姉からうけた影響のせいが大きいみたい。そんな意味のことをじぶんでも書いています。

音読か黙読か

ただ、そんな少女を現在の私たちの読書スタイルの〈はじまりの祖《おや》〉と安心して見なすには、いくつかの問題がある。なかで大きいのが〈黙読〉という問題です。

さきの引用でいえば、「誰にも邪魔されず、几帳の中にこもりっきりで」という一行。あそこを読めば、孝標女が「本はひとりで黙って読む」タイプの人だったのは、うたがいないことのように思える。しかし、それはいいとして、では彼女はいったいどの程度に当時の〈読書する女〉の代表だったといえるのか。いいかえれば、彼女が生きる社会に黙読の習慣はどれほどの広さと深さで定着していたのだろうかという問題――。

この点をめぐっては、谷崎潤一郎や円地文子の源氏現代語訳の手助けをしたことでも知られる平安朝文学の研究者、玉上琢彌が『源氏物語研究』という本でくりひろげた〈源氏音読論〉をきっかけに、一九五〇年代から七〇年代にかけて研究者たちのあいだで大きな論争がかわされています。

もちろん玉上は音読派です。本来は「語られるもの」だった物語が、九世紀後半に成立した

『竹取物語』のあたりから、男の知識人によって文字でしるされるようになった。そしてそれを家庭教師役の女房がつとめ先の姫君に話しことばで読みきかせる。その伝統が『源氏物語』の時代にもまだ消えずに残っていたはずだと、玉上はつよく主張しました。すなわち物語は黙読ではなく音読が基本。そうである以上、ひとりで黙って読む『更級日記』の著者を「物語愛読者の典型」と見なしてしまうのは、とんでもないあやまりといわざるをえない。

こうした思い切った論だったので、真っ向から反駁する者も少なからずいた。そのひとりが西郷信綱です。かれは『日本古代文学史』や『源氏物語を読むために』(こちらはずっとのちに書かれたものですが)などの著作で、平安朝の物語文学を、玉上がいうような前代の「口伝えのカタリモノ」のつづきとしてではなく、生まれてまもない平仮名をつかって女たちが書いた「散文の文学の萌芽」と規定してみせた。

女房たちの音読によってでは簡単なストーリー程度しかつたわらない。それに対して、新しい散文の文学、とくに紫式部がつくりあげた形式の物語では、ストーリーもだが、しばしばそれ以上に、ふくざつな心理の綾、繊細優美な感覚性、日常生活の細部、ときに姦通をふくむ雑多なゴシップ、ひねりのきいた文学談義などが主要な読みどころになる。ようするに「平安朝の物語の本性」は音読ではなく「それが文字で書かれた文芸であり、とにかく部屋のなかでその文字を追って読まれること」のほうにあったというのですね。そして西郷はつづけてこうしるします。

〔つまり〕問題はかかって作品の質にあるわけで、そういう質から考えて（略）『更級日記』の作者こそむしろ『源氏物語』読者の典型であった、とする方が的中しているように私には思われる。あるいは、かの女はそのようなものとして『源氏物語』を発見し経験したのだといいかえてもいい。

（『源氏物語を読むために』）

ただ受け身で聞いているだけではだめ。こうした個人的かつ集中的な読み方でないと十分に楽しめない新しい性質の文学が、日本に、というだけでなく、もっと広く人間の世界にはじめて出現した。ここが眼目ですね。おもに口承による共同体的な〈古い物語〉から、かぎりなく近代小説にちかい〈新しい物語〉へ。この奇跡的な転換を『源氏物語』がこれ以上ないというくらい見事なしかたでなしとげた。なのに、そこのところを玉上はあっさり無視してしまった。

これはそういう批判でしょう。

ただし当時、この論争は狭い学界内で終始し、私のようなシロウト（編集者兼アングラ演劇人でした〉は蚊帳のそとにおかれていた。私が玉上の〈源氏音読論〉に接したのはようやく二〇〇三年、岩波現代文庫から前記の『源氏物語研究』をもとにした『源氏物語音読論』という本がでたのちのことなのです。

なにしろ力のこもった本ですから、たのしんで読み、おおくの刺戟をうけた。しかし、ただ一点、なぜこのすぐれた学者が十一世紀初頭の物語読者の典型を、自室で『源氏物語』を黙って読む「女房」ではなく、かの女たちの源氏語りに耳をかたむける「姫君」の側に見いだそうとするのか。その肝心のところが私にはよく理解できなかった。いや、すこしはその点にも触れているのですよ。でもシロウトの読者を「なるほど」と納得させてくれるほどの周到な説明はなされていない。

そして私についていえば、その不満のぶんだけ、あとから読んだ西郷信綱の〈源氏黙読論〉の側にひかれる結果になった。『更級日記』を日本人の読書史のもっとも重要な曲がり角からの現場報告として考えてみよう。そう思いついたのも、ひとつには、さきにあげた『日本古代文学史』や『源氏物語を読むために』を読んで受けた影響のせいが大きかったと思います。

とくに平仮名という新しい文字の力——。

九世紀から十世紀にかけて、宮廷の女たちのあいだで漢字の草書体をもとにした表音文字、つまり平仮名が日常的につかわれるようになった。そして、この日本語表記のための新しい文字によって、それまで男の知識人がしきる漢字文化のもとで沈黙をしいられていた女たちが、和歌や日記や随筆や手紙、ついには『源氏物語』のような巨大な物語までも、じぶんのことばで書いてみせるまでに変貌してゆく。

この西郷信綱の論を読書史として読めば、〈ひとりで書く女たち〉の出現は、同時に〈黙ってひとりで読む女たち〉の出現でもあったことになる。平仮名のおかげで、女たちが、それまで男の特権だった読書習慣を晴れてじぶんのものにすることができた。そのよろこびですね。『更級日記』の少女が味わった至福の源氏読書のうちにも、かならずや、おなじよろこびが底流していたにちがいない。

苛立つ菅原道真

〈書く女〉としての紫式部と〈読む女〉としての菅原孝標の女。この、ひとつの作品を介してのふたりのすぐれた女性の応答から、今日にまでつづく「本はひとりで黙って読む。自発的に、たいていはじぶんの部屋で」という読書スタイルの〈はじまりのすがた〉が浮かび上がってきます。

ただ、それはいいとして、実際にはいまも触れたとおり、こうした女たちのカジュアルな読書に先んじて、すでに漢字による男たちのフォーマルな読書が、それなりに洗練されたものとして厳然と存在していたわけですね。孝標女のように頭からぐいぐい読みすすんでゆく〈一気読み〉タイプではなく、ときに何点もの資料を参照しながら一冊の本をじっくり腰を据えて読むタイプの読書。〈小説読み〉に対する〈学者読み〉といってもいい。そちらのタイプの読書についてはどう考えておけばいいのだろうか。

そこで思いだしたのが、この章の冒頭であげたふたつの記録の前者、菅原道真の「書斎記」という文章だったのです。

菅原道真は八四五年、親代々の〈学問の家〉の子として生まれ、幼いころから徹底的な英才教育をうけて育った。十七歳で文章生《もんじょうしょう》（進士）となり、八六七年、二十二歳のときに文章得業生《とくごうしょう》（秀才）に推挙されて、エリート官僚（中国式に最高級の学者文人でなければならない）をめざす国家試験の最終段階にそなえることになる。この時期のことを四半世紀後、四十九歳になったかれが回顧して書いたのが「書斎記」です。道真の散文の代表作という人もすくなくない。

ところが、この短い随筆、じっさいに読んでみると、かなり奇妙な文章なんですよ。

菅原道真といえば、いまも〈学問の神さま〉として各地の天満宮や天神社で合格祈願の対象にされている伝説的な大学者です。右大臣にまで上りつめたが、左大臣藤原時平《ときひら》との政争に敗れて大宰府に左遷され、死後は怨霊として日本国にたたりつづけたというハデな存在でもある。なのに、この「書斎記」はというと、そんな仰々しいイメージを背負わされた人物の手になるものなどとはとても思えない、軽いというか、思わず笑ってしまうというか、なんだか妙に率直すぎる感じの文章なんです。

ともあれ、その中心となる部分（全体の三分の一ほど）を引用しておきましょう。もとは四六駢《しろくべん》儷体《れいたい》の漢文。その読み下し文を非力を承知で私が現代語訳したものです。

私が「秀才」の資格を得ると、父上がおっしゃった。ここは由緒のある部屋だ。これからの猛勉強の日々、ここをお前の居場所にしなさい。私はただちにすだれや机を移し、あたりをととのえ、書物を運んできてそこにおいた。

あゝ、それにしても、ここは狭く、人心はトゲトゲしい。

友人といっても、親しい者もいれば、そうでない者もいる。さして気が合うわけでもないのに、ニコニコ顔で寄ってくるやつ。腹の底はわからないが口先だけはへんに親しげなやつ。かと思えば、無知を退治するとかいって秘蔵の書を無造作にあつかったり、面会を求めると称して休息の場に押し入ってきたり……。

小刀と筆は、書物を書き写し、まちがえた箇所を削りとるための道具だ。しかるにバカどもは「物の用」ということをまるで心得ていない。小刀を手にするや机を削りはじめ、筆をもてあそんでは書物をよごしてしまう。

また学問の道は「抜き書き(抄出)」を中心とする。抜き書きは紙に写して利用するのが基本――。

私には後漢の文人、禰衡《でいこう》の才はないから、どうしても筆がとどこおる。したがって部屋にあるのはすべて抜き書きした短冊状の紙(短札)ばかり。しかるに乱入する連中の心はなんとも予測しがたい。知恵のある者はこれらの紙を見つけると巻いてフトコロに収め、知恵のない者は破いて捨ててしまう。(改行は津野)

すこし説明しておきますと、「ここは由緒のある部屋だ」といった道真の父は菅原是善《これよし》。そのまた父親(道真にとっては祖父)の清公《きよとも》のあとをつぎ、文章博士《もんじょう》として、近代の日本でいえば東京帝国大学にあたる官僚養成機関「大学寮」の学長職をつとめた人物です。

ようするに当代きっての学界の大ボスですね。すでに清公の代から左京五条にあった大邸宅で私塾をひらき、おおぜいの学生をあつめていた。そして、その一郭にもうけられた方一丈（約三メートル四方）の小さな書斎を、めでたく「秀才」となった息子に与えることにした。「由緒のある部屋」の原文は「此の局《つぼね》は名処なり」です。これまでこの部屋を中心に百人ちかい秀才や進士がそだっていった。お前もがんばって私のあとをついでくれ。そういう意味なのでしょう。

では、じっさいに、どうがんばればいいのだろうか。

その具体的なやり方、すなわち道真に代表される当時の知識人やその卵たちの読書や勉強の方法が、わずかながらも、ここにしるされている。ひとつには、そのことが研究者たちのあいだでこの随筆が珍重されてきた理由になっているらしい。原文でしるすと、「学問の道は抄出《せうしゆつ》を宗《むね》と為《な》す。抄出の用は稾草《かうさう》を本《もと》と為《な》す」というところがそれです。

――本を読みながら重要と思った部分を短冊状の紙片に書きとめていく。

なぜそんなことをするのか。それは「十世紀以前の書物、その後もかなりの数の写本の装訂が巻子本《かんすぼん》であった」からだと、中世文学研究者の小川剛生が『中世の書物と学問』という本でのべています。巻子本（巻物）は保存や携帯に便利だし、立派にも見えるけど、必要な箇所がさがしにくい。そのために抜き書きをつくって貯めておく。そのようにして複数の写本にあたり、比較し、正しいテキストをさぐりあてて注釈をつける。それが当時の「学問の道」の本筋であり、さきほど仮に〈学者読み〉と名づけた読書の型もそこから生まれてきた。

抄出。いまふうにいってしまえばカード・システムです。

私の年代の者は一九六九年にでた梅棹忠夫の『知的生産の技術』で、これを欧米渡来の目新しい学問の手法として知った。でも、じつはこれとよく似た手法が欧米ではなく中国渡来の〈知的生産の技術〉として、むかしから日本の学者たちのあいだに根づいていたらしい。現に小川剛生が紹介するところによると、菅原道真だけでなく、その八世紀後、江戸中期の儒学者、太宰春台《だざいしゅんだい》も『倭読要領《わどくようりょう》』という自著で、こんなふうにのべているのだとか。ただし春台の場合はバラバラのカードではなく、手もとの紙を仮綴じしたノートでしたが――。

「抄」とは抜き書きのこと。「抄書」とは本を読むさいに大事な箇所を書き抜くこと。通常、読書する者はかならず紙を数十枚とじてノートとし、そこにめずらしい字(奇字)や重要な語を書き抜くようにする。これには五つの利益がある。一、故事古語を記憶する。二、あとでチェックしやすい。三、文字をじぶんのものにする。四、書学がすすむ。五、本をていねいに精読するようになる。

（津野訳）

そういえば在野の歴史家で、すぐれた随筆家でもあった森銑三《せんぞう》も、なくなる寸前の一九八〇年代まで、短冊式の抜き書きを日常の習慣として淡々とつづけていましたっけ。

ただし森の場合も抜き書きするのは活字本ではなく、江戸時代の写本や木版本にかぎられていました。木版本は出版部数がすくなく価格も高い。手書きの写本ともなると巻子本も綴じ本も一部しかない場合がほとんど。そこで当時の学者や本好き連中は、かぎられた数の自前の蔵書をのぞき、たいがいの本は遠近の知人から借りて読んでいたらしい。かれらにならって、とはいうものの森銑三はいちおう二十世紀人ですから、借りるのはおもに大学や地域の図書館。未見未読の古書をもとめて、各地の図書館や友人に紹介してもらった蔵書家の書庫をたずね歩く。そのようすがいくつもの文章にしるされています。

そして借りて読むという点では菅原道真もおなじ。八九一年、すなわち「書斎記」執筆の二年まえに京都で『日本国見在書目録』という本が編纂された。その当時、この国に現存する漢籍と少数の和書のカタログです。そこに記載されている本が一五七九点、一万六七九〇巻。

――おいおい、たったそれだけなの？

私にかぎらず、たぶんだれもがそう感じるんじゃないですか。とうぜんそれぞれの写本も相当数あったのでしょうが、それにしても少ない。わずかこれだけの本を多くの読書人が利用するのだから、いきおい相互貸借が基本になる。道真の場合、ほかの家よりもはるかに蔵書は多かったはずですが、それでもすべてをそれでまかなうわけにはゆかない。やむなく親しい学者や貴族や僧侶たちのコレクションや、大学寮に併設された図書寮（国立中央図書館）の蔵書などに頼ることもあったにちがいない。

しかも借りた本は期限がきたら返さねばならない。どうしても手もとに置いておきたいと思うなら、じぶんで、ないしは人をやとって写本をつくるしかありません。いずれにせよ楽な仕事ではない。そこで、まるごと写すかわりに、とくに重要な箇所だけを書き抜いて保存しておく。むかしの読書人が抄出にはげんだことには、ひとつにはそんな理由もあったのではないかと思うのですが、どんなものでしょうか。

私の部屋がほしい

では、そのようなものとしての〈学者読み〉は、日本で、いつどのようにはじまったのだろうか。

古代の日本には当初、文字がなかった。文字がないのだから本もない。私たちの遠い祖先が本というもの（巻子本でした）とはじめて出会ったのは、『古事記』によると応神天皇の二八五年、実際には四〇五年、朝鮮半島の百済《くだら》からまねかれた大学者の王仁《わに》が『論語』十巻と『千字文』一巻をもたらしたときだったらしい。

ただし、なかば神話時代の話ですから正確なことはわかりません。いずれにせよ、この時期にヤマト政権を基盤に新しい国家を築こうと思えば、先進国である中国の模倣からはじめるほかなかった。かといって、かの国と頻繁に往来するのはきわめてむずかしく、身のまわりに中国人が大勢いるわけでもない。となれば、のこされた手段は本による学習しかありません。遣隋使や遣唐使にしても、かれらの最大の目的のひとつは、できるだけ大量の本を中国から持ち帰ることにあったようです。

ともあれ、こうして政権中枢の皇子や貴族たちが、中国学習の先達たる百済人の力を借りて中国の古典を懸命に読みとくというしかたで、この国における〈学者読み〉の歴史がスタートする。そのさい、かれらの読書法のお手本になったのが本場中国での学問の伝統です。漢代の中国で、紀元前二世紀に新しい国家教学としての儒教を軸に、『論語』『詩経』『書経』『礼経』

『易経』『老子』『韓非子』『史記』『漢書』などの経典化・古典化が開始され、さらにそれが長い時間をかけて、じぶんの頭で考えるよりも、さまざまな写本をあつめて正しいテキストを定め、精緻な注釈をほどこす研究法として磨きあげられていった。

そしてこの学統が日本に本格的に導入されるのが八世紀前半。なかんずく文武天皇の大宝令(七〇一年)によって、この国が天皇中心の律令制国家(中国的な中央集権国家)に正式に再編成され、それにつれて優秀な官僚が大量に必要になったことが大きかった。そのため唐や百済や新羅《しらぎ》の学制にならって新官僚育成のための教育施設と教科書(漢籍)とカリキュラムが、あわただしく整備されてゆく。その中心として設立されたのが、さきほどもちょっと触れた国立の大学寮です。当初の学生数は四百三十人――。

科学史家の中山茂が、その著『パラダイムと科学革命の歴史』で、ヨーロッパの学問を推しすすめるエンジンは「論争」だったが、中国の学問では「記録の集積」が優先された、という意味のことをのべています。したがって中国の教育では、他人を説得する〈弁論力〉ではなく、紙や竹簡《ちくかん》にしるされた先行者の言動(先例)を、繰りかえし声にだして読み、そのすべてを頭に叩きこんで、必要なとき瞬時に思いだせるようにすること、つまり〈記憶力〉がもっとも重視されることになる。

そして、それに加うるに〈文章力〉ですね。官僚制の階段を上って帝のそば近くにたどりつくには、じぶんがケタ外れの記憶力の持ち主であると同時に、すぐれて人間的で高雅な詩人や文章家でもあることを、きびしい試験(科挙《かきょ》)によって証明しなければならない。

したがって記憶力プラス文才。中国と同様に日本の律令官僚制でも、このふたつの力がとくに重視されることになった。その結果、いかにしてこの試験地獄をのりこえてみずからの名利栄達を実現するか、それが学生たちの人生上の最大目標になってゆく。こうした大学寮教育の最良の産物ともいうべき英才が菅原道真だったというわけです。

ただ、もちろんそれもあるのですが、私が「書斎記」を読んでつよく印象にのこったことが、じつはもうひとつある。いうまでもなく、さきほど私が「妙に率直すぎる」と評したところ、つまり、じぶんの部屋の静かな秩序をかき乱す学生たちへの道真秀才のはげしい苛立ちの表明がそれです。念のために、もう一節、べつの箇所から引いておきますと、

……董仲舒《とうちゅうじょ》はとばりをおろしたまま講義し、薛道衡《せつどうこう》は自室に横たわって文章をつくった。学問をとことん究めたいと思ったからだけではなく、それはまた心の安静を願ってのことでもあった。私がこの文を書いたのは、なにも絶交のためではない。ただ、おのれの鬱憤

を晴らしたいと思っただけ。とりわけ情けないのは、敷居のそとに来客用の施設をもうけず、この部屋に直接の出入りを許す決まりをつくってしまったことだ。

董仲舒は紀元前二世紀の儒学者で、漢の武帝《ぶてい》に先述の儒教の国家教学化を進言した人物として名高い。そして薛道衡は六世紀後半の高名な詩人にして文章人。かれらのように私だってじぶんの部屋にこもって「心の安静」を保ちたかったのだよ。それができなかったのがくやしいという歎きですね、これは。そしてそのことと関連して、道真は引用文の最後のところで、学生たちの不作法をあいまいに認めてしまう邸宅兼私塾の建築的構造への不満をチラリとのべている。わずか一行のつぶやきですが、このつぶやきにはあんがい大きな意味があるのではないだろうか。

ご存じのとおり、平安朝の上層貴族の邸宅は「寝殿造り《しんでんづくり》」という様式で建てられていました。京都五条西坊門にあった菅原邸(紅梅殿)も例外ではない。大きな母屋《おもや》(寝殿)を中心に、左右に対屋《たいのや》という日常生活の場、そしてそれらを渡殿《わたどの》と呼ばれる廊下がつなぐ。それが寝殿造りの基本構造ですが、なかで道真に与えられた部屋は母屋の南西の角にあり、おもに貴族の子弟からなる一般学生は、この部屋につながる大きな庭に面した幅広の廊下(細殿)に文机をおき、学習の場にしていた。ために菅原家の私塾は「菅家廊下《かんけろうか》」という名で知られていたのだとか。

この廊下と自室とのあいだに、もうひとつ応接間か談話室のような「来客用の施設」がほしい。どうやらそれが若き日の道真の切実な望みだったようです。でもざんねんながら、古代中国の邸宅ならともかく、平安朝日本の住環境でこの望みを実現するのは不可能に近かった。なにしろ寝殿造りには、いま私たちが考えるような「部屋」という概念が存在しなかったのですから。寝殿にせよ対屋にせよ、建物の内部を外部からしっかり隔てる外壁すらなく、その内部はといえば、ただのがらんとした大空間。その体育館みたいな空間を用途に応じて、すだれや屏風や几帳や衝立などの可動式の建具でこまかく区切って使うしくみになっていた。

この「殿舎・邸宅の一区画を仕切って、女房などの居所」(『岩波古語辞典』)とした小空間は「局《つぼね》」と呼ばれていました。したがって、さきに私は「此の局は名処なり」の「局」を苦しまぎれに「部屋」と訳してしまいましたが、厳密にいうと、あれはまちがい。道真にあてがわれたのは「部屋」ではなく、現実には、あけっぴろげの大空間の一隅をすだれや几帳で仕切った「局」にすぎなかった。そんな頼りない仮設空間のそとに、もうひとつ同じような空間をもうけたとして、はたしてかれが希求したような「心の安静」が本当に確保できたかどうか。たぶんムリだったんじゃないか。そう私は思いますがね。

個人的な読書

さて、そこで思いだすのが「誰にも邪魔されず、几帳の中にこもりっきりで、一冊一冊取り出して読んでゆく心地」という『更級日記』の例の一行です。

作者の菅原孝標女が、父親の任地だった上総《かずさ》国(千葉県中部)から四年ぶりに戻って住んだ京都三条の私邸も、いちおう寝殿造りだったようです。ただし、往年の紅梅殿(菅原邸)とちがって、見るからに荒れはて、出入りする人や使用人の数もさほど多くはなかったらしい。でもそのおかげで、まことに情けない遮断力しか持たない「局」に暮らしながらも、他人に邪魔されることなく几帳の内に横たわり、なんの義務にもしばられず、ひとりで読みたい本を自由に読むという読書スタイルを、かろうじて実現しえたわけですね。

その孝標女にできたことが百五十年まえの道真にはできなかった。そしてそのことに道真ははげしく苛立った。ただし、かならずしもそれは心ない学生たちに邪魔されたというだけのことではなかったかもしれない。

論争よりも記録の集積や暗記を重視し、試験の成績が官僚としての地位に直結させられてしまうような制度のもとでは、「外側の制度が固定すると、中身の学問まで固定化してしまう」と、さきにあげた本で中山茂が指摘しています。道真の生きた時代の大学寮は、まさしくその衰退期にさしかかっていました。すなわち律令官僚制という「外側の制度」にほころびが生じ、それにつれて「中身の学問」までが形骸化の度を急速につよめていた。現に七九二年、大学寮に入学した空海が、わずか一年後にさっさと退寮してしまったというような話もあります。そこでの教育があまりにも退屈で型どおりなのに我慢できなくなったらしい。

ちなみにいえば、道真の祖父、菅原清公も空海とおなじ時期に大学寮に籍をおき、のちにその空海とともに第十八次の遣唐使の一員として唐にわたっています。

ただし空海とは対照的に、清公は着々と官僚制の階段を上り、大学寮学頭や文章博士をへて、律令体制下での最高幹部である公卿《くぎょう》にまでのしあがった。それなりの業績ものこしたが、その反面、それまで一代かぎりの地位だった文章博士や大学寮の教授職を世襲のものとし、大学寮のそとに大きな私塾を強引につくりあげるなど、学閥の大ボスとして一国の教育システムを内側から腐らせてしまうようなことも平然とやってのけた。そういうしたたかな人物でもあったようです。

その恩恵を道真もモロに受けてそだった。それはたしかでしょう。しかしその一方で、かれが恩恵とともに父祖からひきついだ嫉妬や中傷の渦まく学閥抗争の世界には、とことんうんざりさせられてもいた。

そこで以下は私の推察になりますが、もしかしたらあのはげしい苛立ちには、寝殿造りのようなしまりのない建造物のうちに個人的かつ集中的読書のための空間をどうやって確保するかを顧慮せず、それどころか学生たちの不作法をすすんで容認するような〈しくみ〉と〈決まり〉をつくってしまった父や祖父への憤懣《ふんまん》のごときものも、いくばくかまじっていたのではないだろうか。だってそうでしょう。もしそうでないと、なぜ道真が「とりわけ情けないのは」(原文は「殊には慚《は》づらくは」)などと自嘲的なグチをこぼしたのか、その理由がわからなくなってしまう。

なにも「書斎記」にかぎりません。こんど道真の漢詩文に目をとおしていて、ときおり、そこからきこえてくる「妙に率直」な声におどろかされました。「妙に」というのは「あの時代にしては、ちょっと個人的すぎるみたい」という意味です。そして、その点ではかれよりも七十歳ほど年長の唐の詩人、白楽天《はくらくてん》(白居易《はくきょい》)の影響がきわめて大きかった。

白楽天の厖大な詩文集成『白氏文集』の日本伝来が八三八年、道真が七歳のとき――。

この『白氏文集』の人気が平安中期の知識人のあいだで爆発的にたかまり、紫式部をふくむ日本人の文学観を大きく変えてゆく。その変えられた人間の最初期のひとりが菅原道真です。それまでの漢詩は宮廷儀式や宴席でフシをつけて詠んだり、ときに天皇と唱和したりするような公的性格のつよいものだった。その伝統から脱し、白楽天にならって、なんということもない田園風景や季節感、個人的な日常のあれこれをじぶんの声でうたう。ないしは文章にしたてる。すでに「書斎記」にしるされた時期から、道真はその方向でじぶんをきたえなおす努力をはじめていたようです。

白楽天への傾倒はさらに生涯にわたってつづきます。死の二年まえ、大宰府に左遷されたさいも、ほかの愛読書とともに帙《ちつ》におさめた『白氏文集』を大切にたずさえて行ったのだとか。帙というからには巻子本ではなく、軽く嵩ばらない冊子形の写本だったのでしょう。

――本はひとりで黙って読む。自発的に、たいていはじぶんの部屋で。

ままならぬ世でほんの一時《いっとき》であれ、好きな本に読みふけって充実した時間をすごす。道真であれば「心の安静」、孝標女であればこの上ない幸福感ということになりますが、そうした特別の時間をもとめる気持が煮つまり、それが「じぶんだけの閉じた小さな部屋」という夢に結晶してゆく。「じぶん」というのは「個人」ということです。いままでいう個人とおなじかどうかはともかく、道真も青年時代、そんな個室での自由な読書を夢見たが、ついに実現にはいたらなかった。

その夢を、かれより五代のちの菅原一族のさしてできのよくない当主（その父や息子とちがって、大学寮の学頭にも文章博士にもなれなかった）の娘が軽々と実現してしまう。そしてそれは同時に、それまで男性が占有していた読書が女性たちに解放されたことをも意味していた。それが平安中期。やはり新しい読書の時代がはじまろうとしていたのです。

2　乱世日本のルネサンス

書堂と会所

九世紀後半に若き菅原道真がいだいた「じぶんだけの閉じた小さな部屋」という夢は、いつ、どのように実現されたのだろうか。

おおくのことをすっ飛ばして、思い切って乱暴にいってしまえば、それから六百年後、室町時代後期の一四八〇年代、十一年におよぶ「応仁の乱」が終わった直後に隠退した八代将軍、足利義政《あしかがよしまさ》が京都東山にきずいた山荘「東山殿《ひがしやまどの》」によって、ということになります。

東山殿は一四九〇年に義政が没したのち、慈照寺《じしょうじ》という禅寺になり、江戸時代にはいると、その中心にあった観音堂が「銀閣」の名で呼ばれるようになった。もともとは広大な庭園の中にいくつもの小ぶりな建物が点在していたのですが、たびかさなる大火や兵乱で焼け落ち、いまはそのうちの銀閣と「東求堂《とうぐどう》」という持仏堂だけが、もとのままのかたちでのこっている。

この東求堂の裏側の一角に小さな部屋があり、そこに「同仁斎《どうじんさい》」という額がかかっています。高校生のころ、はじめてこの建物をそとから見て、「ここで寝ころんで本を読んだら、どんなに気持いいだろう」と思った。いまでもそう。たまに銀閣寺に行くと、まずは東求堂に向かい、われわれが思いえがく書斎の原型はこれだったんだな、とぼんやり考えたりする。

平安期を代表する建築様式である「寝殿造り」が、室町期に「書院造り」という新様式にとって代わられた。じつはこれはあとで知っておどろいたのだが、なんとあの東求堂同仁斎こそが、寝殿造りから書院造りへという日本建築史上の大変革を象徴する、もっとも早い時期における達成のひとつだったというのですね。

寝殿造りと書院造りの最大のちがいは、前者の「局」に代わって、壁や引き戸で周囲から劃然と区切られた「部屋」が、この国の建築に本格的に登場したこと。それにともなって畳敷きの部屋、角柱、床の間、引きちがいのふすま、違い棚など、今日までつづく和風建築の基本がかたちづくられ、そのことで「じぶんだけの閉じた小さな部屋」という菅原道真の夢がやっと現実のものになった。どうもそういうことになるらしい。

建設時の東山殿には、この東求堂の「同仁斎」と、いまはもう存在しない西指庵《せいしあん》の「安静斎」という四畳半の「書院」がふたつあった。書院の語は「書斎」もしくは「書斎のある建物」を意味します。ちなみにいえば、四畳半で一辺が一間半という中途半端な小部屋のかたちは、この同仁斎や安静斎にはじまるらしい。どちらの書院にも造りつけの書棚があり、一説によれば、前者には『文選』や『白氏文集』などの文学書、後者にはおもに仏書が置かれていたのだとか。

それともうひとつ、書院造りには「会所《かいしょ》」という寝殿造りにはない建物があり、公的かつ私的な社交の場としてつかわれていました。現存はしませんが、義政の東山殿でまっさきに建てられたふたつの建物のひとつがこの会所だったそうです。ようするに道真秀才が切にのぞんでいた、あの、じぶんだけの小部屋と区別される「来客用の施設」ですよ。書院ともども、こちらの夢のほうも書院造りの時代になってようやく広く実現されることになった。

本書の主題である読書とのかかわりでいえば、一個人の読書の場としての書院に対して、会所は、そのような個人が何人かあつまって内外の古典を共同で読みとき、自由で気ままな議論や研究をおこなう場だったといっていいでしょう。

この時期の京都に、応仁の乱のまっただなかで人と成った三条西実隆《さんじょうにしさねたか》というお公家さんがいます。義政にもかわいがられ、大乱後、がらがらと崩れはじめた貴族社会で随一の文人と目されるにいたった人物です。
この人のことを、私は、むかし京大で西洋史をおしえていた原勝郎の『東山時代に於ける一縉紳《しんしん》の生活』という本で知った。もとは一九一七年、大正六年に刊行されたものですが、私、というよりも私の世代の本好きのおおくは、一九六七年に復刻された筑摩叢書版ではじめて読んだのではないだろうか。そこにこんな一節があります。

文明十七年の閏三月の下旬、五十四帖書写の功成ったというので、その晩宗祇と肖柏とが、実隆の邸に来り、歌道の清談に耽りつつ、暮れ行く春を惜んだとのことである。この写本が出来てからして、〔宗祇による〕『源氏』の講釈はまた開講せられたが、このたびは宗祇の種玉庵においてではなく、実隆の邸において催されたのである。（略）聴手としては、主人公の実隆のほか、滋野井、姉小路等の諸公卿の来会することもあった。

これに並行してやはり宗祇《そうぎ》による『伊勢物語』の講釈がおこなわれ、こちらには「中御門黄門、滋前相公、双蘭、藤、武衛、上乗院、および肖柏」といった人たちが参加していた。そのほか、原勝郎が参照した実隆の日記『実隆公記』には、「宗祇の勧むるに任せて、源氏研究会とも称すべきものを、明応の初年に催した」(原勝郎)というような記述が頻繁にでてくる。このときは八人の参加者が四つずつ問題をだし、時間切れで、ざんねんながら五つのこってしまったそうです。

おっと、いい忘れましたが、文明十七年は一四八五年、応仁の乱が終わった八年後に当たります。宗祇は飯尾《いいお》宗祇。京都のみならず地方をもまきこんだ連歌ブームの中心にいた異能の連歌師で、この年、満で六十四歳。おなじく実隆は三十歳。すでに時代を代表する和学者として知られ、『源氏物語』にかぎらず、友人知人、さらには天皇や将軍、地方の大名などの求めに応じて多数の写本をつくり、かならずしも楽ではなかった家計の足しにしていた。なにせ主要な収入源だった荘園の経営が大きく揺らぎはじめ、実隆にかぎらず、京都の貴族連中の経済状態はきわめて悲惨なものになっていましたからね。大乱によって焦土と化した京都の町の復興もままならない。そんなはげしい時代だったのです。

では、そうした実隆の邸宅にも、すでに「会所」のような新施設が存在したのかどうか。確言はできませんが、たぶんこの段階では存在していなかったのではなかろうか。

「この段階では」というのは、原勝郎の影響をうけた中世文化史家、芳賀幸四郎の『三条西実隆』によると、それから十六年後の一五〇一年、実隆がある連歌師(宗祇にあらず)の斡旋で六畳敷きの小屋《しょうおく》を買いとり、自邸の一隅に移築しているからです。「これが日記に「角屋《かどや》」とよく出てくる建物で、実隆はこれからよくここを古典の書写や講釈、あるいは和歌・連歌の会などに利用している」と芳賀はしるしている。おそらく書院と会所をひとつにしたような建物だったのでしょう。

しかし会所があろうとなかろうと、この時期になると〈学者読み〉の内実が大きく変化し、型にはまった大学寮式の学問ではなく、自発的な読書や議論のたのしみにもとづく学問への欲求が、もはや抑えようもなく高まっていました。実隆のような穏和で保守的な人物ですら、といってもいい。だからこそ素性も定かでない連歌師を先生格として迎え、おおくの貴族や僧侶が寄りつどって講釈会や研究会をもよおすというような、いわば階級横断的な企てがこころみられたりする。そんな空気のなかから、いつのまにか会所のような新しい社交施設が出現してきた。そういうことだったのではないかと思います。

源氏ルネサンス

この原勝郎の記述からわかることがもうひとつある。『源氏物語』が女性にかぎらず、すでに男性知識人のあいだでも、この国を代表する古典として教養の中心におかれるようになっていたことです。

もっとも『源氏物語』が男たちの読書生活に組みこまれはじめたのは、もっとずっと早い。そして、この源氏読者の男性化への流れを平安末から鎌倉時代のはじめにかけて決定的なものにしたのが藤原定家。父俊成のあとをつぐ歌壇の指導者で、『新古今和歌集』や『小倉百人一首』の撰者としても知られている。つまり、のちの三条西実隆をもうひと回りもふた回りも大きくしたような人物です。

この定家が長年愛顧をうけてきた後鳥羽院《ごとばいん》に忌避されて、とつぜん自宅蟄居《ちっきょ》を命じられた。それが一二二〇年、五十八歳のとき。そして翌二一年、後鳥羽院の、むざんな失敗に終わる対鎌倉幕府の軍事クーデター「承久《じょうきゅう》の乱」が勃発し、その三年後、定家は妻や娘たち、何人かの姉妹など、一族の優秀な女性たちの力を借りて『源氏物語』の本格的な写本づくりにとりかかります。このころから死ぬまでの十数年間、すくなからぬ時間を自邸での写本づくりにささげ、『古今集』『後撰集』『千載《せんざい》集』『伊勢物語』『大和物語』『土佐日記』など、おびただしい量の写本をつぎつぎに完成させていった。

手写は印刷ではないので、意図のあるなしにかかわらず、そのつど微妙にちがう本文(異本)

ができてしまう。だが、なにせ「紅旗征戎《こうきせいじゅう》吾ガ事ニ非ズ」の人ですからね。どうやら定家は、この殺伐たる時代をよそに、世にはびこる雑多な異本群から区別される、しっかりした定本をつくることをひそかに決意していたらしい。

信頼に足る本文の確定は、必然的に、当の作品が個人の所有物であることをこえて、社会の共有財産、古典として認められることにつながってゆきます。では、なぜそれがまず『源氏物語』だったのか。「源氏見ざる歌詠みは遺恨のことなり」という、よく知られた藤原俊成の見解をひきついで、息子の定家もこの物語のうちに、たんなる色事の読みものではない、危機に瀕した宮廷文化の規範としての特別な力を発見していたのです。「源氏見ざる」の「見る」は「読む」。ただし人まえで声にだして読むのではなく、声にださず、ひとりで目で読む(黙読)という含みがある。

ただこのときは、家伝の写本が鎌倉幕府に召し上げられたままになっていたため、よそから借りてきた複数の写本を校合し、混乱した仮名づかいをととのえた上で、ようやく納得のゆく定本を完成させることができた。こうした手のかかる作業だったからこそ、一族の有能な女性たちを総動員せざるをえなかったのだろう。かくして完成したのがいわゆる「青表紙本」です。そこに定家の筆がかなり加わっているのは事実のようですが、ともあれ現在も、もっとも安定した本文として広く活用されている。

しかし、ではこの青表紙本が完成後ただちに、鎌倉幕府の庇護下で成立した河内本などを押しのけて定本視されるようになったのかといえば、さにあらず。その点では、それから二百五十年後の宗祇と三条西実隆の功績が大きかったと、二〇〇八年、『源氏』千年紀の年に刊行された三田村雅子の大著『記憶の中の源氏物語』が指摘しています。

さきにものべたごとく、実隆は宗祇を指導者とする源氏講釈会や研究会を繰りかえし開催していた。もちろんかれのような堂上《とうしょう》貴族（最終的には内大臣になった）にとって「地下《じげ》の連歌師と対等に源氏物語を研究し、論じていく」ことには、すくなからぬ「ためらい」があったにちがいない。それでもあえてこうした「ためらい」や「とまどい」を振り捨ててしまったほど、貴族社会のそとできたえられた宗祇の「読み」の力（朗読のみごとさ、大胆な解釈、会話における反応の速さ、的確さなど）に深く魅了されていたのだろう。それが三田村の推測です。

そして一方、宗祇の側も、肥後、美濃、伊勢、東国、九州、中国など、日本各地で勢力をつよめていた大名や豪族に招かれて連歌の会をひらいてきた経験から、中央の宮廷社会で「古典復興の第一人者」として頭角をあらわしつつあった実隆の名が、かれら地方の実力者たちにあたえるだろう効果のほどを抜け目なく計算に入れていたらしい。

実隆は当代一の能筆であり、応仁の乱後、都の本が壊滅的な打撃を受けた後の本への飢餓感を埋めるために写本執筆に絶えず励んでいたので、その旺盛な「本」生産能力を、受け皿としての享受者に繋いでいく役割を、宗祇を始めとする連歌師たちは果たしていた。実隆からは「本」が渡され、地方大名からは応仁の乱後収入が激減して生活費にも事欠くありさまであった実隆に、地方の豊かな財が贈られていった。商人としての宗祇によって、実隆たち宮廷貴族もまた、交換経済の中を生きることになったのである。

（『記憶の中の源氏物語』）

宮廷の女性たちを最初の読者とする『源氏物語』が、その後、定家にはじまり実隆や宗祇にいたる古典化運動をへて、伝統的な宮廷社会のそとの大名や一般の武士のあいだにまでひろまってゆく。いってみれば源氏読者の地方化、全国化です。そして、そのきっかけになったのが、生まれも定かでない連歌師と由緒ただしい宮廷貴族との階級差をこえた共同作業だったというあたりが、いかにも乱世ふうでおもしろい。

ちなみに、乱世を破壊的であると同時に創造的な時代としてとらえ、その典型的なあらわれを実隆や宗祇が生きた室町後期に見いだした先駆的な仕事が、じつは、ほかならぬ原勝郎の『東山時代に於ける一縉紳の生活』なのです。

かつて藤原摂関家とそれにつらなる貴族連中の目には、武士やそれ以下の庶民がじぶんたちとおなじ人間としては映っていなかった。その尊大な無関心をささえてきた自信が、平清盛の栄達によって武士層が大挙して上級階級に加わったことでぐらつき、古い「階級精神」を弱めて乱世がはじまる。しかし、この乱世が行きつくところまで行きついた室町後期にあってさえも、「都鄙《とひ》の人心が戦乱のために朝夕旦暮恟々《ちょうせきたんぼきょうきょう》として何事も手につかず、すべて絶望の状態に在《あ》ったとは信じ得ない」と原はいう。

その論拠としてかれがあげているのが、前代にくらべて人びとがさかんに旅をするようになったことです。もちろん大小の戦乱が日本各地でつづいていたし、盗賊や海賊におそわれる危険も少なからずあった。でも、だからといって人びとが旅することをあきらめてしまったわけではない。むしろその反対。さまざまな商人や職人、猿楽《さるがく》師、くぐつ師、白拍子《しらびょうし》、お伽衆《とぎしゅう》、一所不住の禅僧、都の混乱から逃れてきた文人貴族など、多様なタイプの人びとがじぶんの商売や布教や楽しみのために、護衛もつけず、あんがい平然と全国を往き来していた。

そしてその代表というべきものが「かの宗祇およびその流れを汲む連歌師ら」の旅であった、

と原勝郎はいいます。この時期、連歌師たちは東来西行、六十六国を股にかけて精力的に歩きまわっていた。そんなかれらの日記を読んでも「旅行危険に遭遇した記事」に出会うことは滅多にない。われわれが想像するほど交通は途絶していなかったことは明白じゃないか、というわけです。

血なまぐさい争闘があいつぐなかで前代文化の魅力が再発見され、茶の湯、生け花、連歌、能狂言などの新しい表現形式が成熟してゆく。そしてそれが多彩な旅人たちの仲介によって日本各地につぎつぎに伝播していった。東山殿などでの書院造りの実験がまたたくまに新しい武家屋敷の標準になったのもその一例。それやこれや、この時代はヨーロッパのルネサンスにじつによく似ている。なかんずく古典復興。その流れにのって宮廷をでた『源氏物語』が「武家及び其被官、家来、さては其また陪臣」にまで読まれるようになったこと――。

もし足利時代をもって日本文化のルネッサンスといい得べくんば、そのルネッサンスの中心は源氏である。源氏は足利時代に於て始めて日本の源氏物語となったのである。

この原勝郎の「足利(=室町)ルネッサンス論」は、のちに一九六〇年代によみがえり、花田清輝の『室町小説集』や山崎正和の『室町記』などにも大きな影響をあたえます。当時はなにもわからなかったが、かつて私が手にした筑摩叢書版『東山時代に於ける一縉紳の生活』の刊行にしても、その原勝郎再評価の一環だったのでしょう。さきほどの三田村雅子の実隆や宗祇の運動への注目も、おおもとは、やはりこのあたりに発すると考えていいのではないか。

ただし古典化は同時に特定作品の権威化でもありますからね。その権威にひかれて源氏読者の層が武家にまでひろがる一方で、「物語とともに生き、物語世界に遊んで、生涯を耽読にすごした女性たちの「本」は次第に背景に追いやられ」てしまった、とも三田村はいう。

こうして菅原孝標女に代表される女たちの〈小説読み〉が、男どもの〈学者読み〉ないしは〈学者読みもどき〉にとってかわられ、それにつれて、女たちの源氏読書がしだいにアンダーグラウンド化してゆく。その現代にまでつづく地下水脈に探求の鍬を入れる。それが三田村の『記憶の中の源氏物語』後半の読みどころのひとつになっています。したがって、本書のはじめで私は「この国には読書通史がない」といいましたが、この本は、じつは『源氏物語』に限定した上での日本人の例外的な読書通史として読むこともできる。力のこもった、いい本だと思います。

漢字が読めない知識人

この「日本のルネサンス」を象徴する源氏復興、和歌の爛熟、連歌ブームなどには、だれにでもわかる共通点がひとつあった。謡曲もそう。つまり、そのどれもが中国渡来の漢字ではなく、漢字の草書体から独自につくられた表音文字としての平仮名によって支えられていたことです。

九世紀後半、おそらくは宮廷の女性たちのあいだで生まれたのであろう平仮名は、やがて鎌倉時代から室町時代にかけて、人びとの読書生活にさまざまな変化をひきおこしてゆく。これまでにのべたこと以外で、とくにめだつ変化をふたつあげておきます。まずは仮名文字の普及に反比例して、貴族や僧侶など、専門知識人以外の一般の知識人の漢字能力が徐々におとろえを見せはじめたこと。そして第二に、この時代も終わりに近づくにつれて、それまで文字には縁のなかった下層武士や村の名主クラスの百姓、ひいてはその妻や娘までが、公文書をはじめとする、さまざまな文章を書いたり読んだりできるようになったこと――。

まず第一の知識人の漢字能力のおとろえですが、このことがどれほど広く認められているのか、正直いって、私にはよくわかりません。
ただ十数年まえに、思い立って天台座主・慈円《じえん》の『愚管抄《ぐかんしょう》』を大隅和雄の現代語訳ではじめて読んだ。『愚管抄』というのは、後鳥羽院や藤原定家の親しい知人だった著者が、承久の乱の直前、ちょうど定家が後鳥羽院に放逐された一二二〇年ごろに書いたと思われる名高い歴史書ですね。その巻二の「追記」に、慈円がこんなふうにしるしているのを読んで、私はすくなからず感動した。この種の〈かたい本〉は当時であれば漢文で書くのがとうぜんなのに、慈円はあえてそれを仮名まじりの文章（和漢混淆文）で書いた。なぜか。その説明をみずからこころみた箇所です。

　この書をこのように書こうと思い立ったのは、物事を知らない人のためであった。いま末の世の有様を見ると、文筆にたずさわる人は貴賤・僧俗を問わず何といってもまれには学問をするようで、かろうじて漢字を読むことはできるが、その正しい意味を理解している人はといえばいないのである。

そのくせ世間の人びとは「ハタト」「ムズト」「シャクト」「ドウト」といった口語的表現を

低俗なものとして嘲笑する。でも、これはおかしい。ハタと気づく。ムズと組みつく。ドウと倒れる。そうストレートに書いてどこがわるいのか(「シャクト」の意味は不明らしい)。

わたくしはこれらのことばこそ日本語の本来の姿を示すものと思う。これらのことばの意味はどんな人でもみな知っている。卑しい人夫や宿直の番人までも、これらのことばのような表現で多くのことを人に伝えまた理解することができるのである。それなのに、こうしたことばは滑稽であるといって書く時に使わないとすれば、結局は漢字ばかりを用いることになってしまうであろう。そうすれば漢字の読める人は少ないのであるから、この間の道理を考えた末に、以下のような書き方で書くことにしたのである。

この時期、慈円にはどうしてもいっておきたいことがあった。なにしろかれは天台座主であると同時に摂政関白九条兼実《くじょうかねざね》の弟でもありましたからね。そうした背景をもつ指導的な知識人として、じぶんには果たすべき責任があるとつよく感じていたのです。

——いま、われわれの眼前で宮廷貴族にかわって武士が新しいリーダーとして登場しつつある。この変化を拒むのではなく歴史の「道理」として受け入れ、貴族と武士が力を合わせて新しい時代をきずいてゆくのでなくてはならない。

そのことを宮廷貴族を代表する後鳥羽院の側であろうと、それに対立する鎌倉幕府の側であろうと、できるだけおおくの人に正しく納得してもらう必要がある。しかし、もしこれを漢文で書いたら、きわめて貧弱な漢字力しか持たない現今の平均的知識人であるかれらには十分に理解できないだろう。そうである以上、どう野卑に感じられようとも、私はだれにでも理解可能な日常のことばで、すなわち漢字仮名まじり文で書くことにする。それ以外にどんな方法があるというのか。そう慈円はズバリといってのけた。すごいでしょう。まるで六百五十年のちの福沢諭吉みたいだ。

ただし、この大隅訳では平仮名がもちいられていますが、おなじ仮名文字といっても、慈円がえらんだのは片仮名です。つまり漢字と片仮名の組み合わせによってこの本を書いた。たとえば、いま引用した箇所のはじめの部分でいうと、

「先是ヲカクカ、ン思ヨル事ニ、物シレル事ナキ人ノ料也。此末代ザマノ事ヲミルニ、文簿ニタズサワレル人ハ、高キモ低キモ、僧ニモ俗ニモ、アリガタク学問ハサスルガ由ニテ、僅ニ真名ノ文字ヲバ読ドモ、又其義理ヲサトリ知レル人ハナシ」(原文は句読点なし)

というふうに――。

片仮名は平仮名にやや先行して、九世紀なかば、こちらは寺院のなかで漢訳仏典を読みとく技法の一種として工夫され、やがて寺院をでて、仏典や漢籍などの〈かたい本〉を読み下し、注釈をほどこすための文字として広く定着してゆく。四角い漢字にまぜて使うには、くねくねと曲線的な平仮名よりも、漢字の偏やつくりからつくった直線的な片仮名のほうがしっくりする。そうした美感をもふくめて、女文字としての平仮名とは区別される、男性知識人の〈学者読み〉用に特化された仮名文字が片仮名だったのでしょう。

したがって、さきほど私は思わず福沢諭吉になぞらえてしまったが、慈円はとうぜん福沢ではありえない。当時の貴族としては例外的に、かれの目には「卑しい人夫や宿直の番人」の存在がはっきりと映っていたようだし、かれらが日常的につかう野卑なことばがもつ力にも気づいていた。それは事実です。でもかれがじぶんの本を書くのに実際にもちいたのは平仮名ではなく、それよりもインテリ度の高い片仮名だった。とうぜん漢字の量もおおく、「卑しい人夫や宿直の番人」はもとより、なだらかな平仮名文になれた女性や並みの武士にもうまく読みこなせない。読めてもサッサと敬遠されてしまうだけ。

もちろん福沢ならぬ慈円僧正はそんなこと気にもかけていなかっただろう。しかしその一方で、貴族や僧侶など旧来の知識人層の学力低下にはだれよりも敏感に気づいていた。われわれの読書習慣、つまりわれわれの文明が、どこか底の方で地滑りを起こしている。そのことへの冷たいおびえとでもいったものが、この追記からまざまざとつたわってくるようです。

平仮名による読者層の拡大

宮廷の貴族や学僧たちにはじまる日本人の読書習慣が、長い時間をかけて、まずは女房に代表される貴族階級の女性たち、ついで上層や中層の武士たちにまで拡大されてきた。しかし慈円が『愚管抄』を書いた十三世紀のはじめには、それより下層の日本人、一般の庶民はまだ読書の世界のそとにおかれたまま。文字を読む力どころじゃない。読書のような非生産的な行為に時間をさく余裕すらかれらにはなかった。

それでも時がたつにつれて、そんな状況にもすこしずつ変化のきざしが見えてくる。それがさきにのべた第二の変化です。つまり下層武士や村の指導者格の農民が、さまざまな文書を読んだり書いたりできるようになったこと――。

その変化に最初に注目した歴史家のひとりに網野善彦がいます。仕事柄、かれは中世から江戸時代にかけての、おびただしいかずの文書に目をとおしてきた。公文書はもちろん、訴訟や商取引にかかわる私文書、帳簿や家計簿や日記や手紙などなど。その経験によると、十世紀ごろにポツポツとあらわれはじめた平仮名まじりの文書が、時間がたつにつれてかずを増し、とくに室町期以降、爆発的といっていいほどのいきおいで急増していたらしい。そこから考えて、と網野は『日本の歴史をよみなおす』という本でのべています。

……十四、五世紀が、日本の社会における文字の普及の上で、きわめて重要な画期であったことはまず間違いないと思うのです。
ほぼ鎌倉時代の後期から室町時代にかけて、侍クラスの下層まで平仮名まじりの文書は書けるようになっていることは確実ですが、室町時代の村の大名、主だった百姓は、だいたい文字が書けたと考えてよいと思います。
女性も同様なので、御家人、非御家人などのような侍クラスの人の妻や娘は、平仮名の書状を書いています。百姓の上層の女性が文字を書いた事例も、畿内に近い地域では確認できます(略)。

それともうひとつ、この過程に並行して下達(官から民へ)の公文書などにも平仮名がめだつようになった。こちらもやはり網野善彦の「日本の文字社会の特質」という論文から。

なお〔上達や下達文書以外の〕支配者間の公文書においては漢字が支配的であるとはいえ、文書の世界全体を見渡せば平仮名交りの文書が圧倒的になったといってよかろう。まさしく平仮名こそが文字の社会への普及、浸透の原動力となったのであり、中世後期以降、文字社会の主流は圧倒的に平仮名・漢字交りの文書、文章であったといわなくてはならない。

それまでは漢字でしるされていた公文書にまで平仮名がはいりこんでくる。この過程のはじまったのがやはり十三世紀なのです。それにつれて旧来の知識人も「平仮名・漢字交り文」へと向かう大きな社会の流れに不可抗力的にまきこまれていった。慈円がいち早く気づいた「文筆にたずさわる人」びとの漢字能力のおとろえにも、ひとつにはこうした背景があったのかもしれません。

では下層武士や上層の百姓、その妻子はいいとして、それ以下の階層の人びとはどうだったのだろうか。その点で興味ぶかいのが、浄土真宗(一向宗《いっこう》)中興の祖といわれる蓮如《れんにょ》上人の「御《お》文《ふみ》」です。

一四六五年、すなわち応仁の乱がはじまる二年まえ、浄土真宗本願寺の第八代法主だった蓮如が比叡山延暦寺などの暴力に追われ、やむなく布教の場を京都から北陸にうつす。鎌倉時代に盛んになった浄土宗や法華《ほっけ》宗や時《じ》宗などの新仏教は、鎮護国家を正面にかかげる旧仏教（奈良仏教や平安仏教）に対して、非情な乱世を生きる庶民（商人、農民、職人、漁師、漁夫など）の救済を布教のかなめにしてきた。もちろん「四海の信心の人はみな兄弟」と説く浄土真宗もそうです。だからこそ旧仏教の代表ともいうべき天台宗総本山延暦寺のはげしい迫害をうけなくてはならなかった。

このとき蓮如が新しい土地での布教のための最強のツールとして思いついたのが御文でした。なにしろ浄土真宗の開祖・親鸞の『教行信証』などの著作のほとんどは漢文で書かれた〈かたい本〉でしたから、「一文不知の愚人」たる庶民にはとうてい理解できない。そこで蓮如は祖師の難解なおしえを庶民にもわかる平易なことばで要約した手紙みたいなビラ（御文）を自作することにした。五十六歳から八十三歳までの二十七年間に書かれたものが二百通強。その手書きのコピーがおびただしいかず、各地にひろがっていった。

――ほとけの救いに富貴と貧窮、善人と悪人、男と女の別はない。いっさい平等。ただひたすら阿弥陀如来をおたのみすればいい。

もともと蓮如は仏典を読むだけでじぶんではなにも考えず、なにもしない僧侶や学者を「聖経読みの聖経知らず」と軽蔑していた。ただしかれ自身も寺そだちの高僧ですから、御文もインテリ向けの漢字と片仮名のまじり書きです。したがって読めるのは多少の読み書きができる土地土地の坊さんや指導者格の門徒（一向宗の信者）だけ。かれらが寄り合いの席で、あつまった人びとに御文のコピーを大きな声で、ときに多少の節をつけて読みきかせるしくみになっていたらしい。

こうしたやり方で、どうすれば文字が読めない人びとに救いへの道を正しくつたえることができるだろう。そのための工夫を蓮如は最晩年まで熱心にためしていた。かれの数おおい息子のひとり、実悟《じつご》による聞き書き（『実悟旧記』）の一節を笠原一男の現代語訳で引いておきます。

蓮如上人は野村御坊（山科本願寺）において法敬坊順誓に、「自分はなにごとも相手を考えて、十のものを一つに縮めるように、あっさりとして理解しやすいようにしている。こうしたわたしの気持を人びとは知らないようだ」とおっしゃった。そして「御文なども最近は詞《ことば》少なく短く作るようになった。それというのも、このごろのものは、ものをきいてもすぐ退屈するので、肝要のことをすぐ理解できるように、御文を短くしたのだ」と仰せになった。

たんに文章を短く簡潔にするというだけではない。御文の写真版を見ると、片仮名の文字列のあちこちに、小さな空白《スペース》がさり気なくはさまれているのがわかります。まだ文章に句読点がなかった時代の「ここでちょっと息つぎをせよ」という合図、朗読になれない者が御文を正確に読みあげるための「分かち書き」の工夫なんですね。

いささか乱暴な連想かもしれないが、私は、たいせつな自著をあえて仮名書きした慈円の決断を思いだしました。ためしに室町後期の御文のかたわらに『愚管抄』をおいてみる。じぶんがいいたいことを相手(新時代の読者)に正確につたえようと苦心をかさねた点では、どちらもおなじ。ただし、ひとしく漢字と片仮名のまじり文であっても、『愚管抄』が男くさい漢文読み下し調であるのに対して、御文はやわらかな口語文といううちがいがある。鎌倉から室町へ、二百五十年という時間がたち、その間に「文筆にたずさわる者」(慈円)の想定する読者層が下方へ大きくひろがっていった。そう大づかみにとらえることが可能なのではないだろうか。

関連してもうひとつ、おおくの中世史家たちが見るところでは、公私を問わず、平仮名の普及によって文書のかずが増えるにつれて、文字から品格がうしなわれ、急速に読みづらくなってゆく傾向がめだつそうです。どうやらこのあたりから、人びとが文字にいだいていた「畏敬の感情」が薄れ、「文字にたいする社会の感覚」が変わってきたらしい。そう網野善彦も『日本の歴史をよみなおす』で指摘しています。

漢字にせよ、片仮名や平仮名にせよ、人びとが文字にいだいていた「畏敬の感情」がしだいに薄れてきた——。

読書と日本人の関係を考える上で、これはきわめて重要な変化だと思います。写経が典型的にそうであるように、書写の文化を深いところでささえていたのは、手書きの文字がもつ精神性への「畏敬の感情」だった。手書きだからコピーはいちどに一点しかつくれない。そのぶん心をこめて書き写す。みずから書写する人も、頼んで書写してもらう人も、それをつよく意識していた。宗祇と実隆の写本ビジネスにしても、このことと無縁ではなかったはずです。

その手書き文字への「畏敬の感情」がじわじわと薄れはじめる。するとどうなるか。とうぜん、いちどに一点しかつくれない希少なコピーをあがめる心性も消えていくでしょうね。宗祇や実隆の同時代人だった蓮如の御文も例外ではない。かれがみずから筆をとって書いた御文と、門徒たちの手でときには千枚以上もつくられたというコピーとでは、たとえそのコピーが手書きであったとしても、その精神性(もしくは霊性)の強度には大きな差があったにちがいない。

その差がどんどんひろがってゆく。御文の力で浄土真宗が巨大教団化されたのちであればなおさらでしょう。

かくして手書きの文字にたいする「畏敬の感情」が薄らぐ一方で、文字が読める人びと、読む本をもとめる人びとの層が急速に拡大していった。

その結果といってもいいだろう。やがて人びとのうちに〈同一コピーの同時大量生産技術〉としての印刷をすすんで受けいれる新しい心性が根づきはじめます。ヨーロッパのルネサンスは十五世紀中葉のグーテンベルクによる活版印刷術の発明とふかくむすびついていた。それとおなじ。原勝郎のいう「足利(=室町)ルネッサンス」もまた、その内側で〈書写から印刷へ〉という運動をしっかりはぐくんでいたのです。

3　印刷革命と寺子屋

フロイスと「きりしたん版」

長いあいだ貴族や僧侶などの男性にかぎられていた読書する習慣が、やがて上層階級の女性たちへ、ついで武士や上層の百姓へと、一千年ちかい時間をかけてゆっくりと拡がってゆく。それでも日本人の大多数をしめる庶民のほとんどは、室町期をすぎて戦国時代になっても読書からは遠い場所におかれたままでした。

そんな状態が大きく変わるのが十七世紀から十九世紀にかけて。つまり江戸時代です。ただし変化のきざしはそのすこしまえからあらわれていた。漢字仮名まじり文の普及による読者層の拡大と、それにうながされた印刷への関心の増大がそれです。たったひとつしかない手書きのテキストから印刷によって一気に多数のコピーがつくられ、それが社会のあちこちに散らばってゆく。これまでの写本(もしくは小部数の木版本)にはもとめようもない高性能の複製技術がもつ途方もない力。おそらく十六世紀が半ばをすぎるころには、その力への期待がかなりの程度までたかまっていたのではないかな。

その証拠に、一五九二年、豊臣秀吉による朝鮮侵略(文禄《ぶんろく》の役=壬辰倭乱《じんしんわらん》)のさいには、加藤清正や小西行長などの武将たちが、かの地の先進的な活版印刷機、大量の銅活字やその鋳造機をこぞって掠奪してくるといった乱暴な事態が生じたりする。そして奇しくもこれとおなじ時期、一五九〇年に、イエズス会の宣教師たちがグーテンベルク式の活版印刷機と活字鋳造機を長崎・五島列島の拠点(加津佐《かづさ》)に持ちこみ、おもに平仮名と少数の漢字によって「きりしたん版」として知られる活版本を刊行しはじめた。

これが日本人の活版印刷術との最初の出会いです。おどろいたでしょうね、われわれのご先祖は。なにしろそれまでの日本には印刷といえば木版しかなかった。主として漢字でしるされた仏教典や漢詩文をそのまま一枚板に彫りこんだ大型のハンコによって複数化する。それこそが印刷なのだとかたく思いこんでいたんですから。そこに一つひとつ独立した文字をバラバラに活字化し、それを組み合わせて印刷用の版をつくるという革命的な印刷技法がとつぜんもたらされた。しかも朝鮮式(漢文)とヨーロッパ式(漢字まじりの仮名文)と、ふたとおりの技法がまったく同時にですからね。

ただし朝鮮式のほうは、もとがバラバラの漢字の活字化ですから、おどろくといっても、さほどのことはなかったかもしれない。それに対して「きりしたん版」では、どう考えても活字向きとは思えない平仮名のつづけ字（草書連綿体）を、あえて活字によって再現しようとした。ふしぎです。なぜこの時期、イエズス会はわざわざそんなやっかいな作業に手をそめてしまったのだろう。

おそらくその大もとには、一五五一年、織田信長の登場で室町時代が終わる二十年ほどまえに日本に派遣されたフランシスコ・ザビエルによる、ほかのアジアの国々とちがって日本人のおおくは読み書きができる、したがって文字による布教や宣伝が効果的だ、という判断があったものと思われます。一五五一年といえば三条西実隆が八十二歳で死んだわずか十四年後。ついで、さらにその十二年後に来日したルイス・フロイスの『ヨーロッパ文化と日本文化』という小冊子にも、こんな指摘が随所にちりばめられています。

○われわれの間では女性が文字を書くことはあまり普及していない。日本の高貴の女性は、それを知らなければ価値が下がると考えている。

○われわれは二十二文字で書く。彼らは仮名canaのＡＢＣ四十八文字と、異なった書体の無限の文字とを使って書く。
○われわれの間では世俗の師匠について読み書きを習う。日本ではすべての子供が坊主bonzosの寺院で勉学する。

（岡田章雄訳）

「異なった書体の無限の文字」とは漢字のこと。当時の寺院にはたしかに子どもを「寺子《てらこ》」としてあずかって読み書きをおしえる習慣があり、それがのちの寺子屋（手習塾）につながっていった。しかし多くは武家の子弟だったようですから、いくらなんでも「すべての子供」ということはない。でも、そういう強烈な印象をザビエルやフロイスにあたえたほど、読書とまではいわずとも、たとえポツポツとでも文字を読む力が社会にかなりの範囲で根づきはじめていたのでしょう。

それでも当初はイエズス会も、かれらの「きりしたん版」プロジェクトをローマ字で推しすすめるつもりでした。それを一転して日本文字に切り替えるにあたっては、イエズス会総長あてのフロイス書簡による進言がひとつのきっかけになったようです。

しかもフロイスがやったことはどうやらそれだけではなかった。

従来の説では日本語版の作成を主導したのは宣教師の従者として来日した印刷人コンスタンチノ・ドラード（さきに渡欧していた日本人）だとされていました。しかし近年の研究によると、この日本語工房の全作業を委嘱されて完璧になしとげたのは、実際には「書物の編纂、出版にも関係ある古くて経験ある（略）十名の日本人神弟」（日本イエズス会の協議会議事録）だったらしい。では、この「十名の日本人」は一体どこからどのようにあつめられたのか。そこにはフロイスの力が大きくはたらいていたにちがいない、と書誌学者の大内田貞郎が『活字印刷の文化史』所収の論文で推測しています。

――かれらの正体はじつは京都嵯峨野《さがの》で〈五山《ござん》版〉の出版にかかわっていた「由緒ある刻工」たちだったのではないだろうか。

これがその大内田の考えです。五山版とは中世をつうじて鎌倉と京都の禅宗大寺院が刊行した木版本の総称。その京都における中心が嵯峨野の天龍寺や臨川寺で、中国の「宋本」にまなんだ五山版の精度の高い印刷には、かの地から渡来してこの地に住みついた刻工やその子孫たちの貢献があった。おそらくは、この嵯峨野にそだった印刷技術者たちを、かねてからつきあいのあった豪商・角倉素庵《すみのくらそあん》の仲介でフロイスが長崎に送りこんだのであろう。

そして現地で直面した活字と草書連綿体との融合という難題を、かれら練達の職人たちは

「かな」「けり」「むかし」「をとこ」など、複数の平仮名をひとつに組み合わせた連続活字をつくるというやり方であざやかに解決し、『どちりいな・きりしたん』など数点を刊行しおえたのち、加津佐のコレジオ(学校)でそだてた弟子たちにあとをまかせて嵯峨野にもどってくる。かれらが持ち帰った連続活字の技術は、のちに角倉素庵が本阿弥光悦《ほんあみこうえつ》とともに、おなじ嵯峨野の地でこころみた木活字(銅活字説もある)による「嵯峨本=光悦本」の華麗な実験に活かされることになった。それが大内田のえがいた実証にもとづく大胆な仮説的ものがたりです。

事実そのとおりだったのかどうかの判断は私にはつきません。しかし、それまで基本的には漢字にかぎられていた日本の印刷に、日本人だけでなく中国人やヨーロッパ人までがかかわって仮名文字があらたに加わることになった。これはじつに魅力的な仮説だと思うな。十六世紀末葉の「日本のルネサンス」の熱気がビンビンつたわってくるようじゃないですか。

西鶴と出版商業化

この朝鮮式とヨーロッパ式、ふたつの方式の活版技術との異例の出会いに刺激されて、この国に時ならぬ活版印刷ブームが生じ、それからほぼ半世紀にわたって、木版にかわって活版

（おもに木活字）が印刷の中心をしめる「古活字本時代」がつづく。『源氏物語』を筆頭に、『古今集』『竹取物語』『伊勢物語』『方丈記』『徒然草』など、いまも読みつがれる古典の印刷本がはじめて刊行されたのがこの時期のことです。

ただし〈かたい本〉と〈やわらかい本〉をひっくるめて、増大に向かう読者層の要求に十分にこたえるには、活版印刷による出版にはあきらかな限界があった。もっとも大きかったのが技術的な限界です。

金属活字にせよ木活字にせよ、活版印刷では出版元が常時おびただしい数の活字をそろえておく必要がある。しかし当時の活字製造技術ではその必要が十分にみたせなかった。そのため一丁（見開き二ページ）刷っては版をバラし、また一丁刷っては版をバラす、といった面倒な作業をしいられてしまう。明治以降のいわば「新活字本」の印刷には、鉛合金の活字で組み上げた版面に特殊な厚紙を高熱・高圧で押しつけて紙型《しけい》をつくり、再版のさいは、そこに熱した鉛合金を流しこんで新しい版をつくるという奥の手があった。でも古活字本時代にそんな解決策のあろうわけがない。とうぜん増刷もままならず、大量出版は不可能ということになる。

活版にすれば生産費は安くなります。しかし大量印刷はできない。どうおおく見つもっても二百部ぐらいまで。こうした限界をかかえていたために時代の要請にこたえそこなった古活字本の時代は短命に終わり、十七世紀前半、徳川三代将軍家光の寛永《かんえい》・正保《しょうほう》期のころに印刷はふたたび木版にもどってしまった。

木版であれば平仮名のつづけ字にも簡単に対応できるし、保存しておいた版がすり減るまで増刷することもできます。大量印刷という点でも、美的観点から見ても、われわれの文化には、むりして活版印刷をとりいれるよりも、従来の木版技術をいっそう高めていくやり方のほうが合っているようだ。おおくの失敗をかさねて、おそらくある段階でそうした集合的決断がなされたのでしょう。

ただし木版に必要とされる初期投資を回収するには、主として非営利事業だった古活字本の数倍、ときには十倍以上の部数を売りさばかなければならない。そのためもあって寛永期にはいると、営利目的の町場の書肆(しばしば出版元をかねる本屋)が続々と出現し、今日にまでつづく本の大量生産と安定した流通網に向けての動きがこの国でスタートする。その変化を推しすめる強力なエンジンのひとつとなったのが井原西鶴の『好色一代男』でした。

西鶴は一六四二年、活版から木版への復帰がすすむ寛永十九年に、大阪難波の商人の子として生まれた。島原の乱の鎮定によって、応仁の乱からかぞえて二百年におよぶ長い戦乱期が終わり、新しい商業都市・大坂の基盤がかたまりつつある。そんな時代です。そこでそだった西鶴は「全く戦争を体験したことのない、ちょうど戦後の高度経済成長期に青春時代をおくった団塊の世代に似た、大坂の新しい世代」に属していたと、中嶋隆の『西鶴と元禄メディア』はいいます。

若いころからプロの俳諧師をめざし、たびかさなる「俳諧大矢数《おおやかず》」などの派手なパフォーマンスによって名をあげる。そんな異能の人物が一六八二年に大坂の小さな版元から全八冊の草双紙《くさぞうし》を刊行した。それが『好色一代男』ですね。主人公は光源氏をもじった世之介という京都のお大尽のあととり息子。そんな男の色道ひとすじの生涯をおびただしいエピソードでつづった、滑稽だが、まんざら風雅でないこともないような絵入りの長編現代小説――。

ではこの時代、いったいどんな人びとがこの破天荒な一代記をたのしんだのだろうか。

ざんねんながら、その正確な読者像はいまだ判然としていません。「たぶんかれに近い俳諧ネットワークを中心とする新時代の知識層（武士や上層町人）に限られていたのだろう」という人もいれば、「いや販路を京阪のみならず江戸にまで積極的に拡大していった新時代人、西鶴の旺盛なビジネス意欲から見て、読者層は庶民レベルにまで拡がっていたにちがいない」と主張する研究者もいる。しかし、かつての『更級日記』の作者のような理想的な証言者が見あたらないせいもあって、議論の結着はなかなかつきそうにない。それが現状のようです。

私ですか？　そうねえ、個人的には後者のほうにひかれるかな。たとえば、いまもあげた『西鶴と元禄メディア』での中嶋隆の説とかですね。

当初、西鶴は『好色一代男』を出版を前提としない私的な「転合書(いたずらがき)」として書いた。この「現在の通説」に対して、いやちがう、とうぜん最初から「多数の読者を対象とする」商品として書いたはずだというのが中嶋説。すでに西鶴には、仲間内での「配り本」に近かった俳諧本を「多数の読者を対象とする」商品に変質させるべくつとめてきた経験がある。そんな人物が「本が売れるか売れないかさえ考えないで『一代男』を出版することがありえるのだろうか」というわけです。

そのことはまた、最初の大坂版の入念に推敲された版下や西鶴自身の手になる挿絵、彫りや刷り、装丁などの「プロの職人の手になる造本」の完成度の高さからも推測できる。

しかも一六八二年に刊行された『好色一代男』は再刷ののち、おなじ大坂の大手書肆に版木を売りわたし、それから十年以上も再刷が繰りかえされています。この上方版とはべつに、初版刊行のわずか一年五か月後には江戸でも別版本が刊行され、それが店頭での売買だけでなく、売るだけでなく貸本もする行商本屋によって日本各地にひろがっていった。それやこれや「上方・江戸の地域差、町人・侍・富農といった階層差や、俳諧の素養があるかないかにあまり関係なく、西鶴の作品が多くの読者を得たことがわかる」と中嶋はいいます。

そしてこの本の成功をきっかけに、おおくの追随本（質はぐんと落ちるが、よく売れた）が出版され、それまでの「仮名草子」にとってかわる「浮世《うきよ》草子」という「草双紙」の新しいジャンルを生むことになる。草双紙の「草」は草莽《そうもう》の草です。雑草が生いしげる原っぱ。「双紙」はおもに平仮名でしるされた木版刷りの薄手の綴じ本のこと。すなわち民間に生まれた一般庶民向けの絵入り軽読物が草双紙で、それが江戸期をつうじて、黒本・赤本・青本・黄表紙・読《よみ》本《ほん》・合巻《ごうかん》と、さまざまに読者対象や形態を変えながら刊行されつづけ、結果として、この「草双紙」の名が娯楽と教養をひっくるめての商業的な絵入り大衆本の総称になってゆく。

はたしてどれだけのかずの人が『好色一代男』を買ったり借りたりして読んだのか。そしてそこにふつうの庶民がどれほどふくまれていたのか――。

さきにものべたように、その正確なところは不明です。たぶんこれからもわからないでしょう。しかし、かつて『源氏物語』が〈読書する女〉という新たな読者層をつくりだしたように、ここでは『好色一代男』が新時代の『源氏物語』の役割をはたし、やがて〈読書する大衆〉という新しい読者層を社会の表面に一挙に浮上させてゆくことになる。その端緒を貴族でも僧侶でも武士でもない上方商人の息子、井原西鶴が切りひらいた。どうやらそのことだけはたしかなようです。

サムライの読書

それではおなじ時期、それまで貴族や僧侶がになってきた〈学者読み〉の伝統のほうは、どうなっていたのだろうか。最大の変化は時代思想の空気が仏教から儒教に変わったことです。そして、それにつれて武士が新しい読者として〈学者読み〉の列に本格的に加わってきた。

日本全土を巻きこんだ戦乱の時代がやっと終わった。ふたたびあの時代に戻らないようにするには、武力ではないやり方で国をおさめるつよい思想が必要だ。個人の救いに専念する仏教ではもう役に立たない。そこで徳川家康がえらんだのが朱子学《しゅし》でした。十二世紀中国(南宋)の大学者、朱熹《しゅき》(朱子)が仏教や道教に対抗して再編成し理論化した新しい儒教。この時期、「修身・斉家・治国・平天下と、個人から天下までを一つのモラルでつらぬく朱子学ほど恰好な思想はなかった」と小児科医で評論家の松田道雄がのべています。

たんに支配(治国・平天下)の思想というだけでなく、個人の「修身」にも深くかかわる思想。平和な時代の行政官僚となったサムライ個々人が、刀や槍にものをいわせるというしかたではなくみずからを立ててゆく。朱子学は、そのようなかれらのアイデンティティ再確立に直接かかわる思想でもあったわけです。

そのためには儒教にかぎらず、ほかにも多くの本を読んでじぶんを変え、じぶんを磨いてゆかねばならない。しかし、なにしろいくさに明け暮れて、本にしたしむ習慣などとは無縁に生きてきた者がほとんどですから、まずはそのための入門書、本はどのようにえらび、どう読めばいいのかという即効的なマニュアルがいる。そこで江戸時代をつうじて、そのたぐいの本がさかんに出版されることになった。なかでもとくによく読まれたのが福岡藩士で儒学者でもあった貝原益軒《かいばらえきけん》の一連の著作です。一六三〇年（寛永七年）生まれだから西鶴の十二歳上——。

たとえばかれの『和俗童子訓《わぞくどうじくん》』という本。本来は児童教育の本ですが、武士のみならず「世の中の無学な人や子どもたちや身分の高くない男女」のあいだでも、読書一般のこころえとして、江戸時代をつうじて広く読まれることになった。その一節を、さきの松田道雄の現代語訳で引いておきます。

　およそ書を読むにはまず手を洗い、心を慎み、姿を正しくし、机のほこりをはらい、書物を正しく机の上においてすわって読むがよい。（略）また本を投げたり、本の上をまたいだりしてはいけない。本を枕にしてはいけない。本のページの端を巻いておりかえしてはいけない。つばをつけてページをめくってはいけない。

このあと読書の形式面だけにかぎっても、早読みを排してゆっくり読む、繰りかえし音読する、読んだことはおぼえる、複数の本を並行して読まない……などなど、おおくの「おしえ」が嚙んで含めるような調子でしるされています。

でも、なにも益軒個人がとくに口やかましい人だったわけではない。ここで注意しておくべきなのは、かれの主張の根底に儒教の伝統的な読書論や学問論、なかんずく『朱子語類』という朱熹の膨大な聞き書き集があったことでしょう。じっさい語類中の「読書法篇」を読むと、読書のさいは「気持を奮い立たせ、背筋をしゃきっとさせ、だらけてはいけない」とか、「書物は少なく読み、徹底的に身につけるのがよい」とか、木版印刷以前の、まだ写本しかなかった時代の学者は「暗誦にたよっていたので、しっかり憶えた」とか、いたるところに益軒の「読書訓」につうじる記述が見つかります。

で、私の場合、この種の「おしえ」に接して反射的に思い浮かぶのが、書見台のまえにピタリと正坐して読書する鞍馬天狗のイメージなんですね。

　これは映画のせい。子どものころ見た映画に、嵐寛寿郎《あらしかんじゅうろう》扮する鞍馬天狗こと倉田典膳《てんぜん》が行燈をかたわらに、そんな姿勢でしずかに本を読んでいる場面があった。いや天狗のみならず、映画やテレビの時代劇におなじような場面が繰りかえしでてきて、私はそれで、これが江戸時代におけるサムライ読書の基本的なスタイルだったらしいことを知った。そして、こんなかたくるしい姿勢で、あの人たちはほんとうに本が読めていたのだろうかと怪訝に思った。いまでも読めたんですよ、あれで。なぜか。「読書」の語によって意味されるものが、いまの私たちのそれとは大きくことなっていたからです。

　さきの引用からもわかるように、貝原益軒が想定する読書は、『源氏物語』や『好色一代男』をたのしんで一気読みするような快楽的な行為ではなかった。中国からつたわった〈学者読み〉の伝統をひきついで、四書五経などの儒教の聖典を軸に、漢字で書かれた少数の歴史書や兵書を繰りかえし読み、しっかり記憶する。それこそがかれにとっての読書だったのです。とくに音読や暗誦が奨励された。その点では聖書やコーランとおなじ。「耳にしっくりきて心から理解し、自分のことばを誦しているかのようだ。努力がきわまれば、聖賢のことばを誦しても、まるで自分のことばのようになるものだ」と朱熹も語っています。

　ただし「姿を正しくし」「背筋をしゃきっとさせ」という読書の姿勢については、もうすこし考えておく必要があるようです。

さきに私は「書見台のまえにピタリと正坐して」と書きましたが、正坐、つまり背筋をのばして両膝をきちんとそろえて坐る、それこそが正しい坐り方なのだという考えが生まれたのは、じつは江戸時代のはじめに徳川幕府が大名などの上級武士にむけて制定した武家儀礼によってだったらしい。それが中級や下級の武士をへて一般庶民のあいだにまでひろまったのが江戸中期。身体技法の研究者、矢田部英正の図像学的調査によれば、平安・鎌倉・室町時代の絵巻で正坐をしている人の姿はきわめてすくなく、この時期になって、ようやく浮世絵や肖像画に正坐で坐る人がちらほら現れてくるのだとか。

それ以前は歌会や茶会ですら立て膝でかまわない。読書の姿勢にしても、平安時代の宮廷女性はゆったりした重ね着の下で自由に膝をくずし、くつろいで絵物語をたのしんでいたし、中世は立て膝がおおかったよし。武士も僧侶も文机や脇息にもたれ、ときには立てた片膝を書見台がわりに仏典や漢籍を読んでいた。やわらかな和紙を綴じた軽い本だったから、そんな奇妙な姿勢も可能だったのだろう。そういえば、これは立て膝ではありませんが、十四世紀前半に書かれた吉田兼好の『徒然草』に、「品位のある住宅の奥深く」で読書する男をのぞき見するこんな一節があります。

南向きのほうの格子はみな閉めきってさびしそうであるが、東のほうに向っては妻戸をいいかげんにあけているのを、御簾の破れ目から見ると、風采のさっぱりした男が、年のころ二十ばかりで、改まったではないが、奥ゆかしく、のんびりした様子で机の上に本をひろげて見ているのであった。いったいどんな素性の人やら知りたいような気がした。

(佐藤春夫訳)

『徒然草』には読書にかんする魅力的な記述がいくつかありますが、とりわけ私はこの場面が好きです。若い貴族か、もしかしたら兼好が鎌倉滞在期に見かけた教養ある武士だったのかもしれない。いずれにせよ「のんびりした様子で」(原文は「のどやかなるさまして」)というからには、このときかれが鞍馬天狗のようにピタリと正坐していたなどとはとうてい思えない。

しかも矢田部によれば、それ以前はもちろん、江戸時代には「正坐」ということばすら存在しなかったというのですからね。漱石全集にも「端座」や「かたくるしく」という語はあるが、「正坐」の語は見あたらない。明治期の礼法教科書をへて、この語が広く日本の社会に定着したのは、ようやく大正から昭和初期にかけての時期だったそうです。こうして「ひたすら「正坐」というひとつの「正しい」基準を守ることへと、日本人の思考が硬直化していった。つまり「伝統文化＝正坐」という現代の常識は、どうやらこの時期に形成されていった」らしい。矢田部はそう推測しています。

自発的な勉強ブーム

読書の習慣がひろく社会に定着するには、ふたつの条件がみたされる必要がある。身分や性別を問わず、社会を構成する人びとのおおくが本を読む力、つまり読み書き能力を身につけていること。それが第一です。そして第二に、だれもが比較的かんたんに本を手にできる流通のしくみができていること。このふたつの条件が江戸時代の日本でようやくととのいはじめた。

まず第一の読み書き能力についていうと、江戸時代の庶民の場合、その基盤をつくったのは寺子屋(手習塾)教育の全国的な普及です。

武士の子弟がかよう藩校とちがって、寺子屋は私立の初等教育施設でしたから、貧乏儒者でも浪人者でも村の坊さんや豊かな農家の三男坊でも、それなりの読み書き能力をそなえた人間なら、だれでも自由にはじめることができた。それは学ぶ側もおなじ。義務教育じゃないですからね。それが必要だと考えた親たちが自発的にいくばくかの授業料を支払って子どもを寺子屋にかよわせる。そうした大小の教育施設が町や村に続々と生まれてきた。

とすると、なぜ当時の大衆のあいだでこのような自発的な教育熱が高まったのか。最大の理由はやはり実利実益だったようです。

平和な時代がはじまって百年、十八世紀にもなると江戸や大坂にとどまらず、全国の村や町が商品経済を中心に動くようになっていた。ようするに西鶴が『日本永代蔵』でえがいたような「金がものいう世の中」です。とうぜんそこでは商取引や金銭の貸借、年貢の取り立て、家の相続など、生活のあらゆる場面で文書による契約が必要になる。そんな厄介な社会を生き抜くには、なんとしてでも「読み書きソロバン」の基本を身につけておかねばならない——。

だが、こうした生きるための基礎技術としての「読み書きソロバン」をまなぶうちに、一歩そこから踏みこんで「われわれはこの社会でどう正しく生きていけばいいのか」と考え、じぶんからすすんで儒教や歴史や経済などの〈かたい本〉を習慣的に読むような人びとの層ができてくる。いわば〈学者読み〉のさらなる拡大、その大衆化です。

そして、しばらくたつうちに、そこから庶民出の新しいタイプの思想家が出現してくる。じっさい、江戸時代中期のはじめぐらいまでの儒教思想家は、下級の公家や武士や浪人や僧侶の家に生まれた者がほとんどでした。林羅山《らざん》、藤原惺窩《せいか》、山崎闇斎《あんさい》、中江藤樹《とうじゅ》、伊藤仁斎《じんさい》、荻生《おぎゅう》徂徠《そらい》などですね。それが時代がすすむにつれて、富永仲基《なかもと》（醤油醸造・漬物商）、安藤昌益《しょうえき》（町医者）、石田梅岩《ばいがん》（百姓・商人）、三浦梅園《ばいえん》（儒医）、山片蟠桃《やまがたばんとう》（両替商）、賀茂真淵《かものまぶち》（神職）、本居宣長《もとおりのりなが》（木綿商・町医者）といった、豪農や上層商人をふくむ庶民出身の学者たちが江戸思想史の中心をしめるようになっていった。

たとえどんな貧しい家に生まれようとも、学ぶ意欲さえあれば一流の人間になれる。その希望のシンボルともいうべきものが、かつては日本中の小学校の校庭に見うけられた、あの薪を背負って読書にはげむ二宮金次郎（尊徳）の銅像です。

二宮尊徳は一七八七年（天明七年）生まれの独創的な農政家。その尊徳翁は少年時代、貧しさゆえに親戚の家にあずけられていた。夜なべを終えたあと勉強していると、油がもったいないときびしく叱責される。それでもめげずに山に薪をとりにゆく行き帰りに本を読みつづけたというエピソードが、明治になって「せはしい中にも撓《たゆ》まず学ぶ」（尋常小学唱歌）少年少女のお手本としてよみがえり、ついには銅像化されて全国の小学校に設置されることになった。

この「負薪読書」伝説のはじまりは尊徳の一番弟子、富田高慶が師の没後にしるした『報徳記』の「或は柴を刈り、或は薪を伐り……而して採薪の往返にも大学の書を懐にして途中歩みながら是を誦し少も怠らす」という記述にあったようです。

ただし建築史家の藤森照信や井上章一が指摘するところによると、この伝説にどれほど事実の裏づけがあるのかは、きわめてぅたがわしいらしい。さらにいぅと、この銅像のもとには『報徳記』を下敷きに幸田露伴が一八九一年（明治二十四年）にだした少年少女むけの伝記『二宮尊徳翁』のカラー口絵があったものと思われる。これが藤森説です。そして、そのカラー口絵はといえば、「見よ、ぼろを着た一人の男が……手には一冊の書物を持ち、背には大きな荷を負ってとある場所に立っていた」というバニヤンの『天路歴程』にヒントを得たのだろう。それが井上の推理――。

でも、たとえ事実はそうであったにせよ、もし仮に二宮金次郎が本当に薪束を背に歩きながら本を読んでいたとしたら、それはどんな本だったのかと想像してみることはできます。現に子どものころ私は、それが知りたくて、つま先立ちして銅像が手にしている本を何度かのぞいてみたことがある。なんの文字もないか、文字のかわりに、ひょろひょろとうねった線が何列かきざまれていただけでしたけど。

この積年の疑問を二〇〇七年、江戸出版史の研究者、鈴木俊幸が『江戸の読書熱』という本で解きあかしてくれた。もしそれが露伴や富田高慶のいうような『大学』だったとすると、それはかならずや、江戸後期をつうじてのロングセラー『経典余師《けいてんよし》』シリーズの一冊だったにちがいない、というのです。

ふつうの庶民が寺子屋で読み書きの基本をまなんだのち、さらに勉強をつづけたいと思ったら、民間の儒者がひらく私塾にかようしかない。しかしそれには金や時間がかかる。そんな余裕のない人びとにむけて、渓《たに》百年という浪人儒者が、儒教の基本となる四書《ししょ》(『論語』『大学』『中庸』『孟子』)を手はじめに、おおくの経書を自学自習するための新スタイルの入門書を工夫して公刊した。それが『経典余師』です。すなわち「先生いらずの儒経典入門」。その皮切りとなった『経典余師　四書之部』の初版に刷られた広告文には、こんな意味のことがしるされていた。

この本では上段に読み方(漢文読み下し文)を平仮名でしるし、下段には(漢字の)本文を(大きな文字で)印刷して、はじめて勉強する人たちにも理解しやすいように、やはり平仮名で注釈が付してあります。素読や学問にさく時間がない人でも、先生に乏しい田舎にあっても、だれもがすぐに「ものしり」になることができる便利な本です。(津野訳)

このシリーズが最初に刊行されたのが一七八六年、二宮尊徳が生まれる一年まえのことです。したがって、そのかぎりでは尊徳がまだ金次郎だった時代にそれを読んだ可能性もないではない。ただしかれが実際に『経典余師』を入手したのは一八一二年、二十五歳のときだったらしい。それでも「尊徳が『経典余師』によって独学したことは、そのまま事実として受け取ってよいようである」と鈴木はのべています。

そして、この『経典余師』ブームにのって、十八世紀末、天明から寛政にかけての時期に平仮名による内外の古典の自学自習本が続々と刊行されてゆく。

これらの自学自習本のなかに、江戸時代を代表する出版人、蔦屋重三郎《つたやじゅうざぶろう》が手がけた『孝経平仮名附』『略解千字文』『絵本二十四孝』などの平仮名による大衆啓蒙本があった。そこから判断するに、当時、出版業に乗りだしたばかりだった蔦屋は、『経典余師』の成功に「新たな読者層、すなわち書籍購買層の台頭」を見てとったにちがいない。そう鈴木は論をすすめます。ここでいう「新しい書籍購買層」には、二宮金次郎のような『経典余師』によって「新たに顕在化してきた、江戸を越えた地方の読者」がふくまれる。そうした「全国的な市場変化」をにらんで、蔦重は「広域的な書籍流通に乗り出し、その流通に相応しい商品を主導的に制作していった」のだろう。そして、その新商品こそが、蔦屋重三郎が山東京伝《さんとうきょうでん》と組んで手がけた新種の草双紙、つまり「黄表紙《きびょうし》」だったのです。

いや正確にいえば、黄表紙というジャンル自体はそれ以前からあったんですよ。はじまりは一七七五年、『経典余師』初版刊行の十年ほどまえ。それまでは主として子ども向けの通俗絵本だった草双紙(表紙の色によって赤本とか黒本と呼ばれた)が、この年にでた恋川春町《こいかわはるまち》の『金々先生栄花夢《きんきんせんせいえいがのゆめ》』を先がけに初期の素朴さから抜けだし、おとな相手の娯楽読み物としての成熟に向かう。一般にはそれが黄表紙の誕生ということになっています。

したがって正確には、この生まれたばかりの新ジャンルに磨きをかけ、おなじ時期に一挙にひろがった出版市場にふさわしい大衆向け商品にしたてあげる、その重要な役割を蔦重がになったということですね。そして、もしそうだとすると、江戸後期の黄表紙(洒落《しゃれ》本や人情本)から合巻にいたる大衆娯楽本の絢爛たる花盛りの土台には、じつは『経典余師』による大衆の自発的な勉強熱があったことになる。この事実の指摘こそが鈴木俊幸の論の眼目であるらしい。なるほど、いかにもそうだったにちがいない。私は納得しました。

大衆の読書

ザビエルやフロイスにはじまり、日本人の読み書き能力の高さや、身分の上下を問わない読書習慣の浸透ぶりにおどろかされた外国人は何人もいます。なかでももっともよく知られているのが、帝政ロシアからの亡命者、レフ・メーチニコフの『回想の明治維新』中のこんな一節です。

〔人力車の車夫や全身に入れ墨をほどこした馬丁や〕さらにどんな店でも茶店でも見かける娘たち――彼らがみんな、例外なく何冊もの手垢にまみれた本を持っており、暇さえあればそれをむさぼり読んでいた。彼らは仕事中はそうした本を着物の袖やふところ、下帯つまり日本人が未開人よろしく腰に巻いている木綿の手ぬぐいの折り目にしまっている。そうした本は、いつもきまって外見ばかりか内容までたがいに似通った小説のたぐいであった。後になって分ったが、日本の下層階級のほとんど唯一の精神的糧ともいうべきこれらの俗っぽい出版物は、上流階級の人間（良家の子女までふくめて）にも読まれているのであった。

（渡辺雅司訳）

メーチニコフは一八三八年生まれ。若いころから傑出した語学力をいかしてイタリアやポーランドやトルコの革命運動に積極的にかかわり、ゲルツェンやバクーニンからも深い信頼をよせられていた行動派の知識人だった。そんな人物が「日本の革命（＝明治維新）」につよい関心をいだいて、日本語の集中的な学習にとりかかり、パリでの岩倉使節団との出会いをきっかけに来日したのが一八七四年（明治七年）のことです。

それから一年半の短い滞在期間に東京外国語学校でロシア語をおしえるかたわら、大量の資料を収集して日本研究にはげんだ。その成果といってもいいと思いますが、『回想の明治維新』でもかなりのスペースをさいて、「日本の革命」の基盤となった「日本人一般の読書欲」や「教養への敬意」はどのように形成されたのか、という王仁の渡来にはじまる読書通史を、当時としては驚嘆すべき正確さでしるしています。

だから、たんなる旅行者の印象記ではないのですよ。たとえば、いまの日本には「仮名で書かれた庶民的な本」（やわらかい本）と「和漢混淆文で書かれた教養階級むけの本」（かたい本）があるとした上で、前者の代表として十返舎一九《じっぺんしゃいっく》の『東海道中膝栗毛』と柳亭種彦《りゅうていたねひこ》の『偐紫《にせむらさき》田舎源氏』の二点を、ごく短い、センスのいい要約で紹介している。のみならず、一八七〇年代初頭の日本では毎年平均して千五百点の新刊書が刊行され、うち百九十点が「日本人が戯作（虚構の意）と呼ぶところの」小説である、といった発足してまもない文部省による調査データまでもきちんと参照しているのですから。

と同時に、メーチニコフのこの証言は、明治初年代の大衆読書が江戸期のそれと地つづきの状態にあったことをも示している。より正確にいえば、「寛政という時代、何かが大きく変わりはじめていた」と鈴木俊幸がいう寛政以後の時期、江戸時代がしだいに終わりに近づいてゆく六十年ほどの期間ですね。なかんずく『東海道中膝栗毛』は、この時期を代表するといってもいい全国規模の大ベストセラーだった。

しかも変化したのは出版業だけではない。それと並行して「一九世紀に入ると教育熱は一気に高まり、寺子屋が全国に誕生」したと、近世教育社会史家の高橋敏が『江戸の教育力』という本にしるしています。それによると、十九世紀前半には「少なくも一村に一つか二つ」の寺子屋があったらしい。たとえば天保五年(一八三四年)の総村数は六万三五六二。とすれば、それ以上のかずの大小の寺子屋が「読書き算用熱の時代の風にあおられて生まれた」はずだというのです。

このことはそのまま一般の庶民、農民や商人や職人のおおくが〈小説読み〉の楽しみを共有する条件がととのったことを意味するでしょう。そんななかで寺子屋で文字をおぼえた女性たちも大挙して草双紙にしたしむようになった。性質こそことなれ、〈読書する女〉の大量発生という点では平安中期につぐめざましい出来事といっていいのではないか。

また流通についていえば、大小の書店のほかに、この時期に貸本のしくみができあがったことが大きい。坪内逍遥が少年時代にかよった名古屋の「大惣《だいそう》」のような図書館クラスの大手もですが、町や村で、風呂敷につつんだ流行の本を何十冊も背負ってお得意をまわって歩く貸本屋のすがたがめだつようになった。メーチニコフのいう車夫や馬丁や茶屋の娘たちが読んでいた「手垢にまみれた本」というのも、その大半はこれらの貸本屋から借りたものだったと思われます。

では、この時期の庶民は一体どんなふうに本を読んでいたのだろう。その光景を出版史家の長友千代治が、おびただしい狂歌や雑俳(川柳など)によって、いきいきと蘇らせてくれた。そのホンの一部を同氏の『江戸時代の書物と読書』や『江戸時代の図書流通』から引用しておきます。

むつまじさ行燈はさんで本と針
絵草紙の見台にする釜《かま》の肩
絵草紙を見い〱嫁は餅を焼き

幾度《いくたび》も源氏はあかぬ書物にて
借し本の中にどこのか楊枝差
居寝むりて本によだれの雲のみね

もちろん正坐して読むわけではない。寝ころんだり台所仕事をしながら、気ままな姿勢で、なかには軍記に読みふける丁稚などもいたらしい。ここまでくれば、いまの私たちの読書スタイルとほとんどなんの変わりもない。なにしろ武士ですら、暇なときは、だらしなく横になって人情本を読むようになっていたというのですから。

ついでにもうひとつ、これは『秋色艶麗　処女七種《むすめななくさ》』という黄表紙の一節、ふたりの女が人気本をめぐっておしゃべりに興じる場面を、やはり長友の『江戸時代の図書流通』から——。

両女がさし向ひ、物の本や合巻などを取り散らし、簪を抜いて読みかけたる本の間へ栞に挿み、下に置き、
おろく「お豊や、此本を鳥渡まあお読、誠に可愛さうな所や、哀れな所があるだらう」
おとよ「オヤそりやア読み本とやらだねえ」

おろく「あゝ好文士伝と云ふ為永の新作だよ」
おとよ「私やア、そんな本は堅いから嫌だよ。夫れよりか春告鳥か、梅の春だの、此の間出来た狂訓亭の弟子の、春笑と云ふ作者の著いた、春色百千鳥と云ふ人情本なんぞが、当世な事が書いてあつて可いわ」

十三世紀はじめに藤原俊成の娘（すなわち藤原定家の姉か妹）と思われる女性が『無名草子』という本を書いた。そこでは貴族の娘たちが『源氏物語』を中心に『夜半《よわ》の寝覚《ねざめ》』『浜松中納言物語』『栄華物語』などの物語について、あけすけな評言を活発に交わしています。この場面、その下世話な庶民版といった感がないでもない。

こうした読者層の拡大に応じて、山東京伝『傾城《けいせい》買四十八手』、式亭三馬《しきていさんば》『浮世風呂』、為永春水《ためながしゅんすい》『春色梅児誉美《しゅんしょくうめごよみ》』、小林一茶『おらが春』、滝沢馬琴《ばきん》『南総里見八犬伝』などの〈やわらかい本〉や、本居宣長『源氏物語玉の小櫛《おぐし》』、平田篤胤《あつたね》『霊能真柱《たまのみはしら》』、頼山陽《らいさんよう》『日本外史』、杉田玄白《げんぱく》『蘭学事始』、平賀源内《げんない》『物類品騭《ぶつるいひんしつ》』などの〈かたい本〉が続々と出版されてゆく。

それによって、おそらくはその一千年ほどまえ、ごく少数の上層貴族のあいだではじまった読書の習慣が、江戸や京阪の大都市を中心に、ようやく一般庶民をふくむ日本のすべての階層に根を下ろすことになった。明治維新も、それにつづく明治初年代の文明開化も、その背景には、このような江戸後期に急速に厚みをました読者層の存在があったのです。

4　新しい時代へ

福沢諭吉の『学問のすゝめ』

一八六七年（慶応三年）の大政奉還、つづいて翌六八年には元号が「明治」に変わり文明開化の波が押しよせてきます。かといって、おなじ土地に生きる人びとの読書習慣までが、それをさかいにガラリと一変したわけではない。したがってはげしい切断というよりもむしろ連続。読書の新時代は前代にはじまる出版産業化や読者層拡大の流れをひきつぐしかたで開始されることになった。

こうした変化のようすをまざまざと示しているのが、一八七二年（明治五年）の福沢諭吉『学問のすゝめ』初編の刊行です。「天は人の上に人を造らず、人の下に人を造らず」――とはいうものの、現実には貧富や知力の差など、さまざまな社会的不平等が生じてしまう。そんな世の中を生きぬくには、だれもが地理学、物理学、歴史学、経済学、修身学などの「人間普通日用に近き実学」をまなばねばならない。と、そう主張する初篇の一節を伊藤正雄の現代語訳で引いておきます。

これらの学問をするには（東洋古来の書物は駄目《だめ》で）、常に西洋書の翻訳を読むことが必要となる。（物を書くにも、むずかしい漢字漢文はやめにして）大抵の事は日本のやさしい仮名で間に合わせるがよい。さらに前途有望な若い者で、学問の才能がある者には、本格的に横文字の原書を読ませることも大切だ。（カッコ内は伊藤の注。読点をひとつ句点に変更）

そして、この「人間普通の実学」こそが、と福沢はさらに語をつぎます。

いやしくも人たる以上は、貴賤上下の区別なく、みんながわきまえているべき教養（原文では「心得」）にほかならない。これらの教養があってこそ、はじめて士農工商のすべてが、自分の本分を果たすことができる。これによって、めいめいの家業も営むことができ、一身一家の独立もでき、ひいては天下国家全体が本当の独立社会となれるのだ。

この『学問のすゝめ』が全十七編をだしおえて完結したのが一八七六年(明治九年)です。並行して大量の海賊版が日本中にはびこった。それが、四年後に刊行された合本のまえがきに「仮に初編の真偽版本を合して二十二万冊とすれば之を日本の人口三千五百万に比例して国民百六十名の中一名は必ず此書を読たる者なり」(傍点は津野)とある「偽版本」ですね。各編ざっと二十万部として十七編あわせて三百四十万部は売れたはずともいう。これに合本を加えて、いずれにせよ日本出版史上空前の大ベストセラーだったことはまちがいない。

すると、ではどんな人びとがこの『学問のすゝめ』を読んだのだろうか。

どうやら中心は、初版刊行の前年、一八七一年(明治四年)の廃藩置県と散髪脱刀令によって収入とプライドをまるごと剝ぎとられた武士(推定二百万人)や、その子弟だったようです。つまり徳川幕府成立後、朱子学によってみずからを改造しようと「学問」にはげんだ人びとの末裔ですよ。かれらの目には「一身独立して一国独立す」という福沢のおしえが、「修身」にはじまり「治国・平天下」におよぶ朱子学のおしえにかさなって映っていたのかもしれません。

ただし、かれら失職したサムライ(士族)たちの力だけで、これほどの大ベストセラーが生まれたとも思えない。そこにはとうぜん、士農工商の身分制度を廃した新時代に野心を燃やす知識層の庶民(平民)が、かなりのかず加わっていたはずです。

そして、士族であれ平民であれ、この本の読者は福沢の「四民平等」の主張につよく共鳴する者と、それを「立身出世」のマニュアルととらえる者とに大きく二分されていた。それが通説のようですが、でも中心はやはり後者のほうだったのではないか。そのことは『学問のすゝめ』初編刊行の前年に中村正直の翻訳でてたサミュエル・スマイルズの『西国立志編《セルフ・ヘルプ》』(欧米の成功談集)全八編が、おなじように総計で百万部をこえる大ベストセラーになったことからもあきらかでしょう。

そして、もうひとつ注目しておきたいのが、これと同時期に和紙木版本から和紙活字本、さらにその先の洋紙活字本へという転換が急速にすすんでいたことです。

幕末期の長崎における本木昌造の鉛活字鋳造にはじまり、明治ゼロ年代から十年代にかけて、産業革命期のヨーロッパで開発された鉄製印刷機や輪転印刷機、木材パルプによる製紙技術、洋式製本術などがつぎつぎに移入されていった。

こうした過渡期のあわただしさを体現するかのように、当初は木版で出発した『学問のすゝめ』が、一八七四年(明治七年)一月の第四編から活版になり、翌年六月の第十編は木版、と思ったらつぎの第十一編は活版……といった調子で、めまぐるしく変化してゆきます。混乱はなおもつづき、同年十二月刊行の第十二編から七六年八月の第十六編までが木版、十一月の第十七編でまたしても活版にもどる。せっかく慶應義塾で最新鋭の活版印刷機を購入したはいいが、技術が未熟で、しかも増大する注文には大急ぎで応えねばならず、みなさん、すくなからずあせってしまったようだ。

そしてこれが一八八〇年(明治十三年)の合本でやっと活版印刷に統一されます。ただしもとの漢字・片仮名まじり文はそのまま。知識人向けの片仮名が平仮名に変更されるのは、ようやく一八九八年の時事新報社版の全集においてだったらしい。ようするに、その著者とおなじく『学問のすゝめ』という本までが、「一身にして二生を経る」(『文明論之概略』)数奇な運命にみまわれてしまったのです。

しかし、それにしてもふしぎだ。くねくねしたつづけ字の木版本(ひとつの生)から、一字一字が切り離され、しかも漢字と仮名文字が同一スペースに並ぶ活字本(もうひとつの生)への飛躍を、なぜ人びとはあれほどスムーズに受け入れることができたのだろう。

いくつかの理由が考えられますが、当時の人びとにとってさえも、木版にくらべると活版のほうが格段に読みやすいと感じられた。やはりそれが最大の理由だったんじゃないかな。

メーチニコフは日本語の習得過程で「字そのものを、字と字をつなぐだけの多くの凝った線や渦巻模様から区別する」のにたいへんな苦労を強いられた。そのせいもあってか、活版印刷の導入によって日本の印刷文字が「外形の明確さと完成度を獲得し、読書のプロセスを著しく容易に」した、と『回想の明治維新』でこの変化を大いに歓迎しています。程度の差はあれ、草双紙のつづけ字をときに読みにくいと感じていた点では一般の日本人だっておなじ。寺子屋でならう標準書体(お家流)もあるにはあったが、くせのつよい字ともなると、なかなか簡単にはいかなかったようです。

そして活版印刷化はいっぽうで本の小型化にもつながってゆく。こちらは一般人ではなく高級知識人向けの雑誌ですが、一八七四年(明治七年)創刊の『明六《めいろく》雑誌』の現物をはじめて目にしたとき、その予想外の小ささにおどろいた記憶があります。なにしろ、いまでいう「新書」をヨコに一センチほど広げた程度の大きさしかないのですから。

反射的に私は十六世紀初頭のヴェネチアの印刷・出版人アルド・マヌーツィオの事績を思いだしました。グーテンベルクによる活版印刷術の発明から半世紀後、かれはギリシャやローマの古典を、やはり新書大の「馬の鞍の革袋にはいる」ぐらいの小型本におさめて刊行した。それが全欧の知識人の心をひきつけ、活字本がそれまでの羊皮紙写本にとってかわる大きなきっかけになった。

想像するに、これによく似た事態がおそらく明治はじめの日本にも生じていたのでしょう。森有礼《ありのり》、福沢諭吉、西周《あまね》、加藤弘之、西村茂樹、中村正直といった当代屈指の論客たちの最新の論説を、これまでの木版本にはのぞみようもない小さな文字（しかも「外形の明確さと完成度」を飛躍的に増した）で、ぎっしり詰めこんだ小型雑誌。それを手に、おもに官吏や学者やそのタマゴ（書生）からなる読者たちは、じぶんがすこし大きく、すこし新しくなったような気分を、ひそかに味わっていたにちがいない。

新しい頭と古いからだ

では『学問のすゝめ』の読者層、ひろい意味での〈学者読み〉の層とはことなる、十返舎一九や為永春水の草双紙を楽しむ街場の〈小説読み〉たちは、この変化にどう対処したのだろうか。

予想に反して、かれらはあんがいスムーズにそれを受け入れたかに見える。ただし、それはあくまでも長期的に見てという話で、最初の二十年ほどは、やはりそれなりのジタバタが各所で見受けられたようです。草双紙や合巻などの前代の出版物もさかんに読まれていたし、もちろん貸本屋を軸とする大衆流通のしくみもそのままつづいていた。

この過渡期の読書状況に、一九六〇年代になって最初につよい照明をあてたのが異能の文学史家、前田愛の一連の仕事です。そのひとつ「明治初年の読者像」という論文によると、かれら小説好きの庶民の読書習慣を変える直接のきっかけとなったのは本ではなく新聞――それも一八七二年(明治五年)創刊の『東京日日新聞』などの漢文調の大新聞《おお》(インテリ向け)につづいて、そのしばらくのちに創刊された『読売新聞』『平仮名絵入新聞』『仮名読新聞』などの平仮名中心、ふりがなつきの小新聞《こ》(大衆向け)だったらしい。

なかんずく仮名垣魯文《かながきろぶん》、高畠藍泉《たかばたけらんせん》、染崎延房《そめざきのぶふさ》(二世春水)らの戯作者が、わかりやすい口語体で書く連載読み物が「女性読者や一般大衆」の人気を呼んだ。おかげで『読売新聞』の発行部数が明治十年代には二万五千部にたっしたというのですからね。こうした「つづきもの」の人気が、それまで人びとに読み物を「提供する回路を独占してきた貸本屋の退場」をうながし、やがて人びとが「毎日定量の活字を消化する習慣を体得する」ことにつながっていったのだろう。そう前田は推定しています。

この「明治初年の読者像」という論文は一九六六年に発表され、同時期に執筆された諸論文とあわせて、一九七三年に『近代読者の成立』という本にまとめられた。その後、幕末維新期をふくむ近現代の「読者」研究がアカデミズムの枠をこえ、ひろく本の文化に関心をもつ人びとの注目をあつめる契機ともなった画期的な著作といっていいでしょう。

そして、この本には目玉となる主張がもうひとつあった。当時の庶民が小新聞によって「活字を消化する習慣を体得」したのは、ほぼ確実と考えていいだろう。しかし、だからといって、かれらのおおくが最初から活字本をひとりで黙って読んでいたわけではない。それ以前にもう一段階、身近なだれかが声にだして本や新聞を読むのをまわりで聴いていた時期があったはずだ、という仮説がそれです。

前章のおわりで私は「江戸時代の末期に本を読む人びとのかずが飛躍的にふえた」とのべました。だが、ふえたのは事実でも、そこには依然として大きな格差があった。ひとつは都市と農村との格差。そしてもうひとつ男と女との格差。これまた諸説あって厳密なことはいえませんが、ロナルド・ドーアの『江戸時代の教育』によると、維新当時、日本の男の子の四〇%強、女の子の一〇%が寺子屋などで初歩的な読み書き教育を受けていたとのこと。ただしこれは全国平均です。かれはまた別の資料によって、おなじころ男の子百名に対して江戸では女の子四十名、京阪では三十名が寺子屋にかよっていたが、東北ではわずか五名しかいなかったとも指摘している。

こうした格差は、一八七九年(明治十二年)に発布された教育令によって全国各地に小学校が急増したのちも、さほどめざましくは解消されなかった。前田愛は『近代読者の成立』所収の「音読から黙読へ」という論文で、たとえば石川県の場合、この新学制によってそだった最初の世代が成年にたっした一八八八年(明治二十一年)、いちおうの読書能力をそなえた男性が四一%としるしています。つまり半分以下。そして女性はさらにその半分ていどだったらしい。

それでも東京や京都や大阪などの大都市にかぎっていえば、江戸末期にはじまる女性の読書熱はその後もじわじわとたかまっていた。一例として前田は一八七七年(明治十年)の読売新聞にのった、大阪本町に暮らす遊芸好きの十六歳の少女、お虎についてのこんな記事を引用しています。

〔向かいの家の〕村上真斎といふ人は新聞が大好で、近所の娘子供へも常々読んで聞かせ、お虎も参つては聞き、だん〳〵新聞へ心が移つて、三味線もやめ踊りも止め、三種のふりがな新聞を取寄せて見る様になり、始のうちは親達も新聞など読むと高漫になつて悪いと止てもお虎は聞入れず、(略)親父も追々ひき込まれて、此節は大阪日報攪眠新誌などを取寄せて見るから世間の様子も知れ、全く村上さんのお蔭だといつて悦んで居る。

（「明治初年の読者像」句読点は津野）

ちなみにいえば、都市と農村を問わず、江戸期の庶民の家には〈じぶんひとりの部屋〉がなかった。一部の名家にあったとしても、それは「寝間」とか「お納戸」とよばれる家長夫婦の部屋だけ。そう田中優子が『未来のための江戸学』で指摘しています。書院？　うーん、そんなものがあったのは、かなり上級の武家屋敷だけだったんじゃないかな。

とすれば、お虎さんもその父親もめいめいの個室ではなく、おなじひとつの茶の間で、家族にまじって小新聞のつづきものに読みふけったり、立憲派（『大阪日報』）や民権派（『攪眠新誌』）の大新聞の論説を読んだりしていたことになる。とうぜんそこでは、かれらが家族のために声にだして新聞を読むということも、ごく自然におこなわれていたはずです。すなわち黙ってひとりで読む読書ではなく、家庭の団欒のなかでの「共同的な読書」（「音読から黙読へ」）という小さな楽しみ。新時代とはいうものの、維新後しばらくのあいだは、従来の、子どもたちが祖母や母親にせがんで絵草紙を読んでもらうというような本とのつきあい方が、すこしかたちを変えてそのままつづいていたわけですね。

もちろん読むのは祖母や母親だけではありません。たとえば坪内逍遙の日記には、「午後せき子〔妻〕の為に、膝栗毛を読む」といった記述がたびたびでてくる。彼女の前身は根津遊郭の娼妓で文字が満足に読めなかったのです。あるいは高名なアナーキストで埼玉県本庄の船着き問屋の息子だった石川三四郎。かれも少年時代、父が東京から買ってきた福沢諭吉の『学問のすゝめ』を兄に読ませ、うれしそうに耳をかたむけていた光景を後年までなつかしく記憶していた。

さらに家のそとでも、「新聞縦覧所」とか「新聞会話会」といった施設が各地に出現し、常連の客が備えつけの新聞を読むとか、あつまった人びとに村や町の知識人がそれを読みきかせるといった行為が日常的におこなわれていた。しかも、こうした「共同的な読書」は、たんに庶民レベルでの読み書き能力の不足をおぎなうという社会的な必要のためだけでなく、より積極的に、音読という行為が読み手と聞き手の双方にもたらす楽しみやよろこびによっても支えられていたらしい。

その点で無視できないのが、元サムライや中上層の庶民の家で受けつがれてきた「素読」の習慣です。男の子、ときには女の子も、物心がつくかつかない年頃から、父や祖父のまえに正坐して四書などの漢籍を繰りかえし読んで暗記させられた。素読という以上、意味や背景の説明はなし。ただひたすら大きな声でテキストを読み上げるだけ。

ただし、たんに苦行の強制というだけでなく、素読にはこうした画一的な訓練によって、子どもたちが「ことばのひびきとリズムを反復復誦する」快楽にめざめるという別の一面もあった。こうした環境でそだった青少年が詩吟に興じたり、学校や寄宿舎や私塾や結社で、華麗な四六駢儷体を駆使した『佳人之奇遇《かじんのきぐう》』や『経国美談《けいこくびだん》』などの政治小説を蛮カラ声で朗誦し陶酔するクセを身につけるとかして、ついにはそれが「自由民権のムードを昂揚させる触媒としての役割」をはたすまでになってゆく。よかれあしかれ、そうした事態も一方では生じていたのですよ、と前田は「音読から黙読へ」でいう。さもあらん。するどい指摘だと思います。

音読から黙読へ

母や祖母が読みきかせる絵双紙から父や祖父による素読教育まで、伝統的な音読文化の基盤は時代が明治に変わったのちも、しばらくはそのまま保持されていた。だとすると、この過渡期は事実上、いつ終わったのだろう。いいかえれば、「家庭や地域や学校などの場で、しばしば音声にたよって読む」という本との共同的なつきあいは、「本はひとりで黙って読む。おもに自室で、しかも自発的に」という今日にまでつづく私たちの個人的な読書のしかたに、どの段階で、どのように取って代わられたのだろうか。

おそらく一八九〇年前後、明治二十年代のなかばから三十年代にかけて。どうやらそのあたりに変わり目があったらしいと考える点では、前田愛をはじめとする研究者たちの意見はおおむね一致しているようです。そして、この変わり目をあざやかに象徴するできごととして前田があげていたのが、二葉亭四迷による「あひびき」の翻訳です。

「あひびき」は十九世紀ロシアの作家、イワン・ツルゲーネフの自伝的な短編連作『猟人日記』中の一篇で、一八五二年刊行。それから三十六年たった一八八八年(明治二十一年)に二葉亭四迷(この年二十四歳)が翻訳して、徳富蘇峰《そほう》主宰の雑誌『国民之友』に発表した。そして、この四百字づめ原稿用紙にしてわずか二十数枚の小品が、当時の若い読者たちに、いまとなっては想像もつかないほどの強烈な衝撃をあたえることになります。具体的にいえば、国木田独歩(十七歳)、島崎藤村(十六歳)、田山花袋(同)、蒲原有明(十三歳)、柳田国男(同)らの、のちに高名な詩人や作家となる一群の少年たち――。

では、この世代の感度のいい少年たちは「あひびき」のなにに、それほどはげしく心をうばわれたのだろうか。おもな理由はふたつ。その第一が、この作品を特徴づける抒情的な自然描写です。

――いいなァ。こんな文章、オレ、いままで読んだことがないよ。

そんな少年たちのういういしい感動が、九年後の二葉亭自身による徹底的な改稿をあいだにはさんで、国木田独歩の『武蔵野』(一八九八)や田山花袋の『田舎教師』(一九〇九)などの自然主義的散文や、「千曲川のスケッチ」(一九一二)にはじまる島崎藤村の「写生文」の実験につながり、ひいてはそれが日本人の文章観を大きく変えてゆく。花袋自身も、のちに「明治文壇に於ける天然(=自然)の新しい見方は、実にこの『あひびき』の飜訳に負ふところが多い」(「二葉亭四迷君」)と語っています。

しかも清新な自然描写だけではない。かれら明治の少年たちがこの作品によってはじめて体験した文学的感動がもうひとつあった。こちらの感動については蒲原有明による興味ぶかい証言がのこされています。

そのころは未だ中学に入りたてで、文学に対する鑑賞力も頗る幼稚で『佳人の奇遇』などを高誦して居た時代だから、露西亜の小説家ツルゲーネフの飜訳といふさへ不思議で、何がなしに読で見ると、巧に俗語を使つた言文一致体――その珍らしい文体が耳の端で親しく、絶間なくささやいで居るやうな感じがされて、一種名状し難い快感と、そして何処か心の底にそれを反撥しやうとする念が萌して来る。余りに親しく話されるのが訳もなく厭であつたのだ。(略)兎に角私が覚えた此一篇の刺戟は全身的で、音楽的で、また当時にあつては無類《ユニク》のものであつた。

(「『あひびき』に就て」)

この数年まえから、すでに二葉亭四迷の『浮雲』や山田美妙の『蝴蝶』によって、新時代にふさわしい新しい文章体、すなわち「言文一致体」にむけての模索がはじまっていた。しかし、「よし、これからの日本文はこの線でいこう」という確信がもてるほどの成果はあがっていない。そんななかにあらわれたのが二葉亭訳の「あひびき」だったのです。その日本語訳を読みながら、おさない私は、じぶんの耳もとでだれかが「親しく、絶間なくささやい」ているような「名状し難い快感」にひたったものだよ。そう蒲原は回顧していいます。

ここでささやいているのは作者です。ページをめくるにつれて、作者のしるした文字が声になって読者に語りかけてくる。そこがポイントですね。この声はもはや「共同的な読書」の声ではない。時間的にも空間的にも遠くにいる作者が私の頭のなかで、ほかのだれでもなく、私ひとりに「ささやい」てよこす特殊な声です。そのささやきがあまりにも親しすぎるように感じられ、思わず照れて「反発」したくなる。それほどひめやかで繊細な快感——ああ、こんな読書、これまでいちども体験したことがないぞ、というわけです。

前述の「音読から黙読へ」でこの一節を引いたのち、前田愛は「読者は他人を交えることなく孤独で作者と向い合い、かれが囁やく内密な物語に耳を傾ける。このような秘儀に参与する資格を許された読者こそ、「近代」の小説読者ではなかったろうか」と自問してみせます。もちろん答えは「しかり」——そのとおり、この時期になって、ようやく日本の読書史にも、

——音読による享受から黙読による享受へ。

——均一的・共同体的な読書から多元的・個人的な読書へ。

という引き返し不可能な変化が生じ、個人としての作者と個人としての読者との一対一の関係にもとづく「近代読者」が誕生したのだと前田はいいきった。それが一九〇〇年前後、明治二十年代から三十年代にかけて。

蒲原有明以下の少年たちは「あひびき」によって、新しい文章でなければ表現できない感情、美しさ、微妙さ、精緻な思考の動きなどがあることに気づき、そのことに鋭敏に反応した。こうした文章は読者に高い集中度をもとめるので、ひとりで黙って読むときに最大の効果を発揮する。そんな読書をいちどでも体験すると、『佳人之奇遇』を「高誦」するたぐいの旧来の「共同的な読書」がいかに大ざっぱで「幼い」ものであったかが、身にしみてわかってくる。

ただし一八八八年、明治二十一年の段階では、かれらのような「近代読者」は時代の最先端をゆく、えらばれた少数者にすぎなかった。しかし、いったんこの過程がはじまってしまえば、あとは一瀉千里、この種の近代読者(「本はひとりで黙って読む。自発的に、たいていはじぶんの部屋で」というタイプの読者)が日本人のおおくを占めるようになるだろう。現に十年後にはその方向が人びとの目にもはっきりと見えてきた。この転換期を象徴するのが二葉亭四迷訳の「あひびき」の出現である。そうズバリといってしまってもいいのではないか——。

この見方には説得力があると思います。この時期、つまり独歩の『武蔵野』や花袋の『田舎教師』が刊行されたのとおなじころ、かれらとは別の場所で、二葉亭とほぼ同年齢(三歳下)の夏目漱石が『吾輩は猫である』(一九〇五)や『坊ちゃん』(〇六)によって登場していたことなどを考え合わせると、なおさらそう思えてくる。

ただし、そう断定するにはどうしても気にかかる点がひとつある。前田は「黙読」を近代読者に特有の読書スタイルと見なしているが、もしそうだとすると、たとえば『更級日記』をどう考えればいいのだろう。端的にいって、明治二十年代の少年たちが「あひびき」で味わった「快感」は、その九百年ほどまえに、ひとりの少女が『源氏物語』を読んで味わった至福の体験に、あまりにもよく似ているのではないでしょうか。

義務教育の力

前田愛が「音読から黙読へ」を発表したのとおなじころ、玉上琢彌の〈源氏音読論〉に対抗して西郷信綱が独自の〈源氏黙読論〉を展開した。このことはすでにのべました。おもに口承による共同体的な〈古い物語〉にかわって、個人的かつ集中的な読み方でないと十分に楽しめない〈新しい物語〉が、この国にはじめて登場した。それこそが『源氏物語』であり、『更級日記』の作者こそがこの新しい源氏読者の代表だったのである。そういう説ですね。

この説をみとめると、じじつ私はみとめたわけですが、黙読はかならずしも「近代読者」だけが占有する読書習慣ではないことになってしまう。なのに、その一方で黙読の開始を明治後半期にみる前田説に賛意を表するのは矛盾ではないのか。とうぜん、そう考える人もいるにちがいない——。

こまかい説明ははぶき、ここでは結論だけをのべますが、音読の文化を背景につくられた詩や短文を、時と場合によって、ある個人(たとえば大伴家持《やかもち》や山上憶良《おくら》のような)が黙ってひとりで読む。そのていどのことは『万葉集』の昔からいくらもあったはずだと私は思います。そうでないほうがおかしい。複数のテキストの比較や注づけをともなう〈かたい本〉の〈学者読み〉であればなおさらでしょう。

そうしたいわばウラ読書(黙読)の流れをオモテにひきだして、ひとりで黙って読むのがもっともふさわしいタイプの物語を紫式部がはじめて完成させ、孝標女に代表される敏感な読者がそれにすばやく反応した。ただし、だからといって、それとひきかえに音読の習慣が消えたわけではない。そうではなく、こうした読書の二重性(音読と黙読の共存)が、それからの長い時間、しだいに拡大しながら江戸末期の多様な読者の読み方にまでひきつがれていった。「あひびき」の少年読者の「感動」の背後にも、かならずや、こうした長期にわたる黙読体験の積み重ねがあったにちがいない。大づかみにいってしまえば、それが私の想定する「日本人の読書史」の基本的な流れということになります。

しかし、いうまでもなく菅原孝標の女から大阪本町のお虎さんにいたる旧時代の読書と、若い花袋や有明に代表される新時代の読書とのあいだには、たんに連続というだけではすまない大きな飛躍がある。

いちばんわかりやすいのが量的な飛躍でしょう。つまりこの時期に、日本社会の各層で読書する人びとのかずが、これまでとは比較にならないほどのいきおいで増えていった。この飛躍を可能にした最大の要因のひとつが識字率の向上です。すなわち、一八七九年(明治十二年)に発布された教育令が日露戦争後の明治末年にようやく実をむすび、日本人の識字率が九〇%にどんどん近づいていったこと——。

昭和期を代表する文学者のひとり、中野重治の自伝的な長編小説『梨の花』に、この時期の、いなか育ちの少年の読書のようすがいきいきとえがかれています。

中野は一九〇二年(明治三十五年)、福井県坂井郡高椋《たかぼこ》村(現、坂井市丸岡町)の上層自作農の家に生まれた。だが、そうした村でも指折りの旧家にさえ、一家が信仰する浄土真宗の御文章や御和讃をのぞくと、十歳上の兄が愛読した『少年世界』『中学世界』『冒険世界』などの古雑誌や『日露戦争写真画報』など、「家じゅうみな合わしても三十冊くらい」の本しかなかったらしい。

その重治(作中では良平)少年が村の小学校にはいったのが一九〇八年(明治四十一年)で、やがて下宿して金沢の第四高等学校(現、金沢大学)にかよいはじめた兄が、新刊の『少年世界』や『日本少年』を送ってくれるようになった。それらの雑誌や本(押川春浪《おしかわしゅんろう》『海底軍艦』など)を、あきもせず繰りかえし読んでいるので、

「本ばっかり読みなんな……」

そうおっかさんがいうこともある。

「あい……」といってやはり良平はどこかで読む。このごろは、学校の読本に、文章の横へ鉛筆で棒を引くことも良平は覚えたのだった。

「赤ちゃけた杉垣の……」

「林のむかうでどんと鉄砲の音がした……」

その横へぎゅうと鉛筆で引く。

「先生におこられるぞ……」

沢田という隣りの生徒が心配そうにいってくれたが、良平には自信がある。見つかったにしても、島田先生はきっとおこらぬにちがいない。ぎゅうと鉛筆を引っぱると、引っぱっただけ、引っぱる手といっしょに、そこがいっそう気に入ってくるのが自分でよくわかるのが気持ちがいい。


ここでいう「読本《とくほん》」とは『尋常小学読本』という当時の国語教科書をさしています。国力増強のためには読み書き教育を充実させ、すべての国民が欧米人に負けない読書力を身につけなければならない。そのため一八七二年の学制発布によって初等教育が義務化され、国民規模での「文盲退治」が開始された。しかし、さきにのべたごとく一向にめだった成果があらわれない。そこで日露開戦前年の一九〇三年(明治三十六年)に、それまでは検定制だった教科書を国定化し、文部省がみずから作成した『尋常小学読本』を全国の小学校で一律につかわせることにした。

そして、その第一期読本が一九一〇年(明治四十三年)、小学校の年限が四年から六年にのびたこともあって新しい読本にかわる。この年に重治少年は三年生になった。したがって、ここでかれが読んでいるのは、その第二期『尋常小学読本』だったことになります。

良平が教科書の気に入った箇所に鉛筆で「ぎゅう」と線を引く。たいへん印象的な場面ですが、なにもかれは感動のあまり思わずそうしてしまったわけではない。ある日、竹貫佳水《たけぬきかすい》の『少年百科叢書　第三編　読書法』という本を読んでいて、「先づ批評を加えたり線を引いたりして置きましたならば、それが幾らか抄録に代るのであります」という一行にぶつかった。直接には、どうやらこの一行が少年の暴挙の引き金になったらしい。

おもしろいでしょう。かつて写本や木版本の時代にあみだされた「抄録」という学者用の「知的生産の技術」が、児童教育の場に持ち込まれ、しかもそれが本そのものにジカに傍線を引く簡便な作業にとってかわられようとしている。隣席の友人が心配したように、むかしの寺子屋の先生なら頭から叱りとばすところですよ。でも、いまは時代がちがう、と竹貫のおしえに鼓舞された少年は自信満々で考えた。すなわち「島田先生はきっとおこらぬにちがいない」と。

竹貫佳水は一八七五年(明治八年)生まれ。『先哲至言勉学訓』や『幼年絵話百番』などの児童向け教養書の作者として知られるほか、東京青山の自宅に「竹貫少年図書館」という小図書館を設立、のちにその蔵書を東京市立日比谷図書館に寄贈して、顧問として児童館の充実につとめたという独特の行動力をもった人物です。しかもそれ以前はといえば、博文館で『少年世界』や『中学世界』の編集にあたっていたらしい。重治少年から見れば、幼いころから愛読してきた雑誌をつくっていた人です。もしかしたらそのせいもあって佳水のおしえにしたがう気になったのかもしれない。

教科書にぐいぐい傍線を引っぱったりメモや感想を余白に書きつけたりする。そんな乱暴な読み方が、いなかの小学校の教室でも、いつしか大目に見られるようになっていた。

ようするに、かつての手写本や木版本にひそむ精神性が、よかれあしかれ、活版印刷の普及がもたらした出版大量化によって薄められてしまったのです。線を引くだけでなく、重治少年が中学にはいるころには、引いた線を消す道具、つまり消しゴムまでが登場してきた。人から借りた本を抜き書きするかわりに、鉛筆と消しゴムという新しい道具を駆使して、じぶんが所有する本のページ面をじぶんの好みや必要に合わせて加工してしまう。そうした新しい読書法や勉強法が、ゆっくりと社会に定着しはじめた。おそらくそういうことだったのだろうと思います。

ただし良平=重治少年は竹貫の読書論のすべてに感銘をうけたわけではない。どちらかといえば、読んでいて「なんじゃい」と反感をもつことのほうが多かったらしい。

たとえば「かすりの着物を着た良平くらいの子供が、机の上へ頬杖をして本を読んでいる」口絵写真がのっている。しかし、かれら都会の知識層の子どもとちがって、地方に暮らす「良平には、良平の机というのもなければ、良平の本箱というものもない。良平の部屋というものもない」。したがって「良平はどこででも読む。よけい読むようになってからはなおさらどこででも読む。良平が『読書法』から覚えたのは本に鉛筆で棒を引く楽しみだけだった」。

ここからもわかるように、都会と地方の格差はまだ十分には解消されていません。男女間の格差もそうです。しかし、そうした現実の一方で、日本人の読み書き能力がこの時期に全国規模で急速に拡大していったというのも、疑いようのない、もうひとつの事実だったのです。それが日露戦争終了後の明治末期――。

と書けば、もうお気づきでしょう。

明治三十三年が一九〇〇年ですから、明治末年というと、ちょうど時代が十九世紀から二十世紀に切り替わるころにあたる。この時期に日本人の読書習慣が大きく一変し、大衆化がすすむ社会を土台にした〈二十世紀読書〉ともいうべき新しい読書の型がかたちづくられてゆく。王仁の来日から千五百年、『源氏物語』の成立からかぞえれば九百年という長い時間をへて、ようやくここで、いまにつづく私たちの読書の時代が本格的に開始されたのです。

II

読書の黄金時代

5　二十世紀読書のはじまり

だれもが本を読む時代へ

明治末の十年ほどのあいだに日本人の読書の歴史に大きな変化が生じた。ちょうどそれが二十世紀のはじまりにかさなる。そして、そのようにして幕を上げた二十世紀が、ほどなく〈読書の黄金時代〉ともいうべき、きわめて特殊な時代へと変貌してゆく。そのことの発見とおどろきが、本書の後半に足を踏み入れるにさいしてのみちびきの糸ということになります。

ある社会の遠い過去にあった最盛期を理想化していったことば。それが「黄金時代」ですね。したがって〈読書の黄金時代〉というと、歴史上、これ以前にはなかったし、そしてこちらがより重要なのですが、この先もおそらくないであろう読書の輝かしい最盛期という意味になる。

一九三八年(昭和十三年)生まれの私のみならず、私たちの多くがそこで本を読みはじめ、本にしたしみつづけてきた二十世紀という時代は、どうやらそういう特殊で例外的な時代であったらしい。

では、もしそうだすると、いったいなにがその特殊な時代の核心だったのだろうか。思いきって単純化していってしまえば、読書社会のどまんなかに「大衆」が巨大なかたまりとなって登場してきたこと。それこそが二十世紀を〈読書の黄金時代〉たらしめた最大のできごとだったのではないか。私はそう考えています。

つまり、こういうことです。

――本はひとりで黙って読む。自発的に、たいていはじぶんの部屋で。

すでになんどものべたように、それがいま私たちがふつうに読書と呼んでいる行為です。そこでここまでは、そのような行為としての読書がいつ日本ではじまり、どのように拡大してきたのかを中心に書いてきた。しかし話が近現代のこの段階になると、本を読む私たちのうちに、いつのまにか、もうひとつ別の意識が生まれていたことに気づかざるをえない。

――私はこの本をひとりで、しかし別の場所にいる未知の他人たちとともに読んでいる。

という意識がそれです。

買うにせよ図書館で借りるにせよ、いま私たちが暮らす社会では、あるていどの経済的余裕や熱意さえあれば、だれもが読みたい本を自由に読むことができるし、現に読んでいる。

そしてそのことから、大部な歴史書や思想書であれ、その時どきのベストセラーであれ、「この本を読んでいるのは私だけではない。私以外にも階層や地域や性別を問わず、すくなからぬかずの人びとがおなじ本を読んでいるはずだ」という意識が生じてきます。もうおわかりのとおり、歴史的に見れば、これはけっして当たり前のことではなかった。『更級日記』の作者はもとより、兼好法師も西鶴も、おそらくは福沢諭吉でさえも、そんなふうにはっきりと感じたことなど一度もなかったのではないだろうか。

「ひとりで読む」という意識が個人の自由にかかわるとすれば、もうひとつの「見知らぬ他人とともに読む」という意識のほうは、長い歴史のはてに、二十世紀になってはじめて実現した読書の平等化という局面に対応しています。

すでにのべたとおり、この平等化を現実のものにした要因の第一は、明治政府が国策として強力に推しすすめた識字教育でしょう。そして第二に、読み書き能力の向上によって加速度的に拡大した読者層が必要とするだけの量の本をつくり(本の大量生産)、それらの本をかれらのもとに迅速にとどけるしくみ(全国的な流通網)をととのえる――すなわち今日にまでつづく資本主義的な産業としての出版のしくみが、この時期に、おどろくべきいきおいで爛熟の域にまで近づいていったこと。

いうまでもなく、このふたつの要因のあいだには密接な関係があった。本が読める人間の増加につれて出版される本の量が増えるという比例関係です。ためしに以下の略年表を見てください。

一九〇〇年(明治三十三年)	二一・七%	一万八二八一点
一九〇五年(明治三十八年)	一〇・九%	二万七〇九五点
一九一〇年(明治四十三年)	四・三%	二万二八八九点
一九一五年(大正四年)	二・二%	二万四四四八点
一九二〇年(大正九年)	一・二%	九八四八点
一九二五年(大正十四年)	〇・九%	一万八〇二八点
一九三〇年(昭和五年)	〇・五%	二万二四七六点

上段の数字は、政府が徴兵のためにおこなっていた「壮丁教育程度調査」から、教育学者の斉藤泰雄が引いてきたもので、当年二十歳の男子のうち「読書算術ヲ知ラサル者」の割合を五

年おきに示している。

これを見ると、明治末の十年間に文字が読めない青年男子のかずが大幅に減り、中野重治が成年にたっした大正年間になると、かぎりなくゼロに近づいていたことがわかります。では若い女性はどうだったのか。一九一〇年ごろまでに男女の小学校就学率がともに九〇%にたっしたことから見て「青年女子の非識字者の新たな出現も、男子の場合とはおそらく十年間ほどのタイムラグはあるが、一九三五年頃までにはほぼ解消された」と考えられる。それが斉藤の推測です。

つぎに下段にあげた数字ですが、こちらは清水英夫・小林一博の『出版業界』という本にあった「明治期の出版物発行点数」「大正〜昭和前期の出版物刊行点数」という年表から、上段とかさなる時期の数字をやはり五年おきで摘出したもの（「著作物」と「翻訳物」を合算）。一九二〇年に下段の数字がとつぜんガクンと減っている。同書の注記によれば、その二年まえに上記の年表のもとになった内務省（最初は文部省）への納本データから官庁出版物がのぞかれ、通常の商業出版物にかぎることにされたせいらしい。つまり日本の出版業がようやくこの時期に資本主義的産業としてひとり立ちし、国家がわざわざ出版にかかわる必要性が薄れてしまったのです。

そして、この商品としての本の発行点数は以後も急上昇をつづけ、二・二六クーデターと阿部定事件の一九三六年（昭和十一年）には三万一九九六点にたっします。これが戦前・戦中期（ほぼ二十世紀前半にあたる）のピークで、その後しばらく二万点台を維持したのち、アジア太平洋戦争の激化にともなってまたたくまに下降し、日本敗戦の一九四五年には、わずか八七八点にまで減ってしまった。

しかしそれについて語るのはまだ早すぎます。戦争による出版点数の急降下と、それ以降（二十世紀後半）に生じた変化についてはのちにあらためて触れるとして、そのまえに、二十世紀初頭の読書環境に生じたこの種の激変はなにも日本にかぎったことでなく、世界的な、厳密にいうと欧米圏の半分ほどで並行して生じていた現象でもあった点に注目しておいたほうがいいでしょう。

そこでまず第一の識字率ですが、フランスの歴史人口学者エマニュエル・トッドによると、ヨーロッパでは一九〇〇年になると、女性をふくめて人口の九〇％以上が文字を読めるようになっていたようです。したがって日本よりもほんのちょっと早いかどうかといったあたり。ただし、これはドイツ、スカンディナヴィア、スコットランド、ネーデルラント、北東および南部イングランド、東部フランスなどの先進諸地域にかぎってのことで、おなじヨーロッパでも、ポルトガルやスペインの地中海地方、南部イタリアなどではせいぜい五〇%、地域によっては二五%以下というところもあったらしい。

では アメリカ合衆国はどうだったのか。イタリアの経済史家カルロ・M・チポラによると、おなじ一九〇〇年、合衆国でも白人と非白人をあわせて人口の九〇%弱がヨーロッパの先進地域なみに文字が読めるようになっていたとのこと。これらをようするに識字率にかんしては、日本も欧米先進圏もほぼおなじ水準で二十世紀をむかえたことになります。

ただし第二の要因、出版の近代産業化のほうは欧米がかなり先行していた。こちらは主として著名な書物史家、ロジェ・シャルチエの研究にたよって書きますが、たとえばかれの母国フランスでは、一八三〇年代に蒸気機関印刷機、連続用紙送り機、工業用製本プレス機などがたてつづけに登場し、グーテンベルクにはじまる伝統的な印刷技術をまたたくまに近代工業化してしまった。

と同時に、それまでは書店や印刷業と一体のものだった出版社が、鉄道や郵便システムの普及もあって自立した業種としての面をつよめ、その流れが十九世紀後半に猛烈なスピードですすんでゆく。その結果、一八五〇年代に一万二〇〇〇点をこえた年間刊行点数が十九世紀末には一万五〇〇〇点にたっし、それにつれて印刷部数も五十年間で四倍にまで増える。そしてこの書物市場の拡大を底にあって支えたものこそが、子どもと女性と民衆という「書物消費者の新しい階級」の出現であった、とシャルチエは『読書の文化史』というかれの著書でのべています。

……学校（こればかりではないが）はフランス人に読み書きを教え、都市と農村との旧来の格差を縮め、読むことができるということをほぼ普遍的な能力にしたのである。子供と女性と民衆、十九世紀の想像力の基礎をなすこれら三者は、快楽あるいは教養、気晴らしあるいは勉強のために読むことを望む、書物消費者の新しい階級をまさしく象徴している。かれらの期待は、第二帝政期における出版業界の全面的再編によって満たされたのである。

第二帝政は一八五二年にルイ＝ナポレオンのクーデターではじまり一八七〇年におわった。つまり日本の幕末維新期にぴったりかさなる時期です。前述したごとく出版近代化の核となる大量印刷技術がフランスに定着したのが第二帝政以前の一八三〇年代。対するに日本がおなじ段階に到達したのは維新後の七〇年代から八〇年代にかけて。したがってフランスにくらべると半世紀近くおくれた勘定になる。ただし、長い歴史のなかではその程度のおくれなどおくれともいえないと考えることもできる。現にシャルチエのいう「書物消費者の新しい階級」の登場をふくめて、二十世紀がはじまるころには、日本人の読書環境は欧米先進圏のそれと優に肩をならべるまでになっていたのですから。

ではそんな早業がなぜ可能だったのだろうか。いうまでもなく、すでに日本では十七世紀にはじまる木版本による出版の商業化が十八世紀末には成熟の極にたどりつき、〈かたい本〉と〈やわらかい本〉を問わず、社会のいたるところに日常的に読書する人びとの厚い層がかたちづくられていたからですね。ようするに、木版印刷から開始されようと活版印刷術の発明がきっかけになろうと、何百年かのちには、人びとの読書はけっきょく同じ地点に逢着していたのです。

とすれば〈読書の黄金時代〉といっても、日本だけがそうだったわけではない。それは同時にヨーロッパやアメリカ合衆国にとっての黄金時代でもあった。いや、むしろ欧米中心の世界で本格的に開始されつつあった〈読書の黄金時代〉としての二十世紀に、ややおくれ気味に日本も参加してゆくことになった。正確にはやはりそういうことなのだろうと思います。

百万（国民）雑誌の登場

一九二三年（大正十二年）九月一日、東京を中心とする関東地方を巨大地震がおそい、ようやくひとり立ちをはじめた日本の出版産業は甚大な被害をうけた。しかし、そこからの回復は予想をはるかにこえて迅速でした。大震災につづく四年間に以下の三つの大きなできごとがたてつづけに生じ、それに牽引されて、あやうくつまずきかけた出版産業の資本主義的再編があらためて開始しなおされることになったのです。

①震災の翌年、一九二四年（大正十三年）に講談社が大衆総合誌『キング』を創刊。すべての国民を読者対象とする〈百万雑誌〉が誕生する。

②一九二六年（大正十五年・昭和元年）、改造社が『現代日本文学全集』六十三巻の配本を開始。他社もこれに追随して全国的な〈円本ブーム〉がはじまった。

③一九二七年（昭和二年）、これまで少数の人びとが占有してきた人類の知的資産を安価な小型本として大衆に手わたす、という理想をかかげて〈岩波文庫〉が発足する。

こうして〈百万雑誌〉と〈円本〉と〈文庫〉という新種の出版形態がいちどに出現したことによって、日本人の読書環境がガラリと一変してしまう。この国の読書史上でも有数の大事件といっていいでしょう。――そこでまずは①の〈百万雑誌〉ですが、そこに行くまえに押さえておくべきことがひとつある。『キング』の成功に先だって、明治三十年代から大正期にかけて雑誌メディアのめざましい台頭があったことです。

明治初期が〈新聞の時代〉だったことはすでにのべました。つぎがこの〈雑誌の時代〉で、それに後押しされるしかたで〈書籍の時代〉がやってくる。ただし念のためにつけくわえておくと、これまた日本だけに見られた特殊な現象ではなかった。さきほどのロジェ・シャルチエが、十九世紀のフランスでも〈新聞→雑誌→書籍〉という段階を踏んで生産や流通の近代化がすすんだとのべていますし、アメリカ合衆国でもまさしくそうだったらしい。

この〈雑誌の時代〉を日本で先導したのが博文館の大衆総合誌『太陽』です。日清戦争下に刊行したグラフ雑誌『日清戦争実記』で当てた同社が、一八九五年(明治二十八年)に「欧米諸国に負けない総合雑誌を」というキャッチフレーズで大々的に売りだし、めざましい成功をおさめた。それからの三十年間に創刊された雑誌のおもなものを、十九世紀に出現した「書物消ます。

費者の新しい階級」とシャルチエのいう「子供と女性と民衆」に分類して列挙するとこうなり

○子供――『少年世界』『少女世界』『中学世界』『文章世界』『ポケット』『少年少女譚海』(以上、博文館)『日本少年』『少女の友』(以上、実業之日本社)『少年倶楽部』『少女倶楽部』(以上、講談社)など。
○女性――『婦人画報』(近事画報社)『婦人之友』(婦人之友社)『婦女界』(同文館)『青鞜』(青鞜社)『婦人公論』(中央公論社)『主婦之友』(主婦之友社)『婦人倶楽部』(講談社)など。
○民衆――『太陽』『文芸倶楽部』『冒険雑誌』『新青年』(以上、博文館)『中央公論』(中央公論社)『講談倶楽部』『キング』(以上、講談社)『キネマ旬報』(黒甕社)『文藝春秋』(春陽堂)など。

少数の例外はあるものの、これらの雑誌のおおくが大量出版・大量販売を前提とする大衆雑誌として発刊されています。知識層向けとして『中央公論』『改造』などの硬派の総合誌もあったが、中心はやはり大衆向け。そして、この大衆指向の大風にのって先行誌の『太陽』を追いぬき、すべての雑誌の読者をまとめてからめとろうと考えた講談社が、新しい大衆総合誌を創刊した。それが『キング』ですね。われこそ〈諸雑誌の王〉なり、と思いっきり大きく構えてみせたわけです。

ここでの〈百万〉は雑誌の発行部数をさすだけでなく、同時に〈全国民〉という意味をもあわせ持っていました。この日本初の〈百万＝国民雑誌〉については、佐藤卓己の『『キング』の時代』や永嶺重敏の「初期『キング』の読者層」などの研究があります。それによると、一九二四年(大正十三年)十一月の創刊にあたって、講談社は『東京日日新聞』(のちの『毎日新聞』)に、こんな一節をふくむ「押し付けがまし」い(佐藤)までに意気込んだ宣言を掲載したらしい。

天下万人、一列一帯、年齢、職業、階級の別なく田園生活者にも、都市生活者にも太陽の光が必要にして欠く可からざるやうに、どうしても無くてはならぬ一味の精神的慰安を与へ、是によつて卓然として振ふ興国的気分を奮起させるやうな民衆雑誌、云ひかへると、苟《いやしく》も日本語の通ずるところは毎戸、国旗を備ふるやうに、必ず備へておかねばならぬ

――

もちろん東京日日だけではありません。発足してまもない広告会社の電通と組んで、創刊の一か月まえから全国の有力紙に一ページ大の全面広告をつるべ打ちし、それを中心に、ポスター、ビラ、ダイレクトメール、大判パンフレット、電報、店頭の幟《のぼり》旗、花火、はては風呂屋のポスターから街頭のチンドン屋にいたるまで、みずから「亜米利加型」と称する大がかりな宣伝キャンペーンを繰りひろげてみせた。

宣伝がそうなら雑誌のなかみも愚直なまでに盛り沢山です。「面白くて為になる」という旗印のもと、新講談や新作落語、それらを圧する人気をあつめはじめていた大衆文芸、さらには童話、修養講座、宗教論、伝記、政局や経済談義、衣食住の家事技術、礼儀作法、美容記事などが、部厚い雑誌にぎっしりと詰め込まれていた。

こうして万全の態勢をととのえ、初版五十万部からスタートした創刊号は増刷をかさねて七十四万部を売り切り、農民や労働者から女性・青年団員まで、子どもや学生もふくめて、あらゆる社会層にまたたくまに浸透していった。ビジネス的には特に「ピラミッドの一番最低からちょっと上がったところを狙った」という一編集部員の証言を引いて、永嶺重敏が愛読者からのこんな投書を何通か紹介しています。

○一日中ガタ〳〵揺られ揺られて家に帰るのは夜の十時近く、疲《くた》びれてバッタリ致します、でも臥せる前一時間ばかり、美しいキングを手にして静かに読み耽るのが私の唯一の慰めです。（バスの女車掌）

○……何んといふ面白さだ！　それ以来は大のキング党員となり、毎号待ちかねて私が楽むばかりでなく母や弟達によみ聞かせてゐます。お陰で今まで淋しかつた農家の夜はとても楽しいことになりました。（農民）

このような基層読者にささえられて『キング』の発行部数は一九二六年（大正十五年、昭和元年）に九十万部、一九二八年（昭和三年）には百四十万部と飛躍的に増えてゆきます。そしてこの、二十世紀初頭の日本に大挙して出現した雑誌を読む大衆、つまり「快楽あるいは教養、気晴らしあるいは勉強のために読む」とシャルチエのいう「書物消費者の新しい階級」めがけて、こんどは雑誌ではなく書籍の分野で新しいタイプの大量出版がこころみられることになった。それが②の〈円本〉の登場です。

円本ブーム

とつぜん〈円本〉といっても、いまはもう知らない人のほうが多いでしょう。いちおう説明しておきますと、昭和初年代に刊行された一円均一の全集本、それが〈円本〉です。公務員や大会社のサラリーマンの初任給が七十五円の時代に、通常の長編小説を三点ほど詰めこんだ量の函入り本が、わずか一円という低価格で入手できる。そこからこの呼び名が生まれた。

一九二六年の年末、ブームの先駆けとなった『現代日本文学全集』を発足させたさいに、発行元の改造社は、当時は朝刊八ページ、夕刊四ページがふつうだった新聞に見開き二ページの大広告をたてつづけに掲載してみせた。そのコピーの一部をまず読んでみてください。

善い本を安く読ませる！　この標語の下に我社は出版界の大革命を断行し、特権階級の芸術を全民衆の前に解放した。
一家に一部宛を！（略）これ我社が我国に前例なき**百万部計画**の壮図を断行して全国各家の愛読を俟つ所以だ。

日本の第一の誇！　明治大正の文豪の一人残らずの代表作を集め得た其事が現代第一の驚異だ。そして一冊一千二百枚以上の名作集が唯の一円で読めることが現代日本最大の驚異だ。

これまで少数者のものだった本を常識はずれの低価格で「全民衆」に解放する。この機会をのがさず、ぜひとも一家に一セットの大全集を――。

だれもが「あれ？」と思うんじゃないかな。そう、この煽り方、二年まえの『キング』創刊時のそれとあまりにもよく似ているのです。

それだけでなく、予約購読の締め切り日を限定した上で、その日にむけて何週間もまえから朝刊も夕刊もなく広告を打ちつづけ、読者の気持をいやが上にも煽りたてる作戦もおなじですし、それを中心に、電通と組んで、ポスター、パンフレット、立て看板、大幟《のぼり》などをつかって壮烈な宣伝キャンペーンを展開したのもおなじ。ようするに〈百万雑誌〉を可能にした「亜米利加型」の宣伝手法をとことん模倣してのけたのです。この二匹目のどじょう作戦はみごとに当たって、予約申し込みが発売までに四十万セットの大台を軽く越えてしまった。

この改造社版『現代日本文学全集』を皮切りに、翌一九二七年からの二年間にかぎっても

『世界文学全集』(新潮社)、『世界大思想全集』(春秋社)、『日本名著全集』(興文社)、『現代大衆文学全集』(平凡社)、『近代劇全集』(第一書房)、『世界戯曲全集』(近代社)、『日本児童文庫』(アルス)、『小学生全集』(興文社・文藝春秋社)、『明治大正文学全集』(春陽堂)、『世界美術全集』(平凡社)、『明治文化全集』(日本評論社)、『講談全集』(講談社)、『マルクス・エンゲルス全集』(改造社)などの全集を各社が競って刊行し、おびただしい量の円本が市場にあふれる未曽有の大騒動が巻きおこった。

これらの〈円本〉読者のうちにまだ中学生だった丸山真男がいました。なぜ〈円本〉がそこまでの大ブームになったのか。そうきかれても「どうやらそれは「帝国臣民」の変質と大衆社会化現象の開化と関連するらしい(略)、という程度の頼りない答えしか出せない」けど、しかし私にはたしかにそう思われる「身辺的な実感があった」と、のちに丸山がしるしています。

右のような文学全集の新らしい配本があると、学校の休憩時間にも、「君、あれもう読んだか」といった会話が出た。つまり円本流行の波紋は中学生にも及び、小説を日常の話題にすることがきまり悪いどころか、むしろ「今月の配本」を知らないことが、なにか知的な流行おくれのような雰囲気が、そこにできていたわけである。あるいはこれは大都会の中学に限られたケースなのかもしれないが、べつに学生に話を限らずとも、日本や世界の有名作家の名前や、著名作品の表題くらいは、読む、読まないにかかわりなく知っているのが、一般的に「世間の常識」になったのは、何といっても円本時代以後のように思われる。

（「わたしの中学時代と文学」）

円本ブームによって、おなじ本を見知らぬ他人とともに読み、基礎的な教養（丸山のいう「世間の常識」）を身につけるという新しい習慣が全国規模で定着しはじめた。そう丸山真男はいう。では実際にはどうだったのだろうか——。

一九八七年に没した前田愛のあとをついで、近代日本の読者研究をさらに実証的に深めていった研究者に、さきにあげた永嶺重敏がいます。

『キング』の場合がそうだったように、円本ブームについても、永嶺はその実相に作者や出版社などの〈本をつくる〉側ではなく、かれらがつくった本を〈読む〉者の側からつよい照明をあててみせた。維新後の日本が半世紀にわたって活字化し蓄積してきた大量の知的資産を、円本が「大衆指向の予約廉価版全集」という形態に編集しなおして「全国のさまざまな階層」の人びとに提供した。たしかにそれは事実なのであるが、ただし——と、かれは一九九〇年に発表した「円本ブームと読者」という論文で、おおよそこんな意味のことをのべています。

――より正確にいえば、この円本の理想は「ブーム期」と「ブーム終了後」という二つの段階をへて、やっと達成されたのだ。いかに低価格とはいえ、昭和大不況下の、貧しい農民や労働者をふくむ日本人すべてが「一円という金額を毎月定期的に書物に支出する予約購読」という出版手法に適応できたわけがない。その結果、創刊当初の「ブーム期」にあっては、「月額一円をなんとか支出できる程度の現金収入を保証された者」――つまり都市部で急増した知的中間層、サラリーマンや教員や学生が読者の中心を占めることになった。

ところが一九三〇年(昭和五年)をさかいに円本ブームが急にいきおいを失う。その結果、売れのこった膨大な在庫がゾッキ本屋をつうじて古本屋や露店などの二次市場に流れ、十銭から三十銭ほどの値段で叩き売りされる事態を招いてしまった。そして皮肉なことに、この「ブーム終了後」の徹底的な価格破壊によって、「経済的に余裕のない階層の人々でも容易に買える」という当初の理想が、ようやく現実のものになったのである――。

と、こうした円本ブームの意外ななりゆきを丹念にたどったすえに、永嶺はその論をこう締めくくります。

〔この二段階からなる〕円本ブームを経験することによって、日本社会の読書風景は一変した。円本ブーム以前に人々の身近な読書材料として存在していたのは、新聞雑誌を除けば講談本のみであった。しかし、円本ブーム以後においては、古今東西の文学思想の良質な巨大ストックが各階層の手近なところに大量に蓄積された。人々の読書環境は格段に向上した。（略）円本という名の読書革命によってもたらされたのは、講談に代わって、『復活』『レ・ミゼラブル』が「村の酒屋の娘」や「温泉旅館の女中」の日常的な読み物となるような読書世界であった。

ブームが予想よりも早く終わってしまったために、出版各社は軒並みに多大な損害をこうむった。その〈本をつくる〉側からは終わったとしか思えなかったブームが、意外にも、〈本を読む〉側にとっては逆に日常的に読書する習慣の大衆規模でのはじまりを意味していたというのです。

ここで触れられているような「村の酒屋の娘」や「温泉旅館の女中」が実際にいたかどうかは、いささかあやしい。しかし、それまで読書から遠いところにいた人びとのかなりの部分が、円本ブームとその後の価格破壊をへて、本をみずから所有して読む楽しみにめざめ、それが二十世紀という〈読書の黄金時代〉の到来を底からささえることにつながっていった。この判断には十分な説得力があると思う。のちにあらためて説明しなおすつもりですが、円本出現の十五年後に生まれた人間（私ですね）の実感としても、そう思います。

文庫の力

そしておなじ時期、このようにして形成された新しい読書市場に、もうひとつの大きなできごとが生じていた。岩波文庫にはじまる③の〈文庫ブーム〉です。

文庫発足の十四年まえ、一九一三年（大正二年）に岩波書店が設立され、翌一四年、夏目漱石の『こゝろ』を皮切りに実質的な出版活動をスタートさせた。それにつづく阿部次郎『三太郎の日記』、倉田百三『出家とその弟子』『愛と認識との出発』、西田幾多郎『自覚に於ける直観と反省』、和辻哲郎『古寺巡礼』、中勘助『銀の匙』、『ケーベル博士小品集』などの単行本や、『岩波講座哲学』以下の講座類、雑誌『思想』の刊行などによって、官学アカデミズムを背景とする「大正教養主義」の中心出版社としての声望を一気に高めてゆきます。

そして、この新興出版社が燃えさかる円本ブームのさなかに、おなじ読者層を対象とする

〈文庫〉という小型廉価本で乾坤一擲の大勝負をいどんだ。そのさいに使われた宣伝用の文書が「読書子に寄す」です。一世紀後の現在も文庫の最終ページにかかげられているので、目にした方も多いでしょう。

真理は万人によって求められることを自ら欲し、芸術は万人によって愛されることを自ら望む。かつては民を愚昧ならしめるために学芸が最も狭き堂宇に閉鎖されたことがあった。今や知識と美とを特権階級の独占より奪い返すことはつねに進取的なる民衆の切実なる要求である。岩波文庫はこの要求に応じそれに励まされて生まれた。それは生命ある不朽の書を少数者の書斎と研究室とより解放して街頭にくまなく立たしめ民衆に伍せしめるであろう。

いまなら「大衆」とか「国民」といいそうな箇所で「民衆」という語がつかわれている。すでに見たように、講談社の『キング』は「民衆雑誌」だったし、改造社の『現代日本文学全集』も「善い本を全民衆に解放する」と壮語していた。それがさらに過激化し、とうとう「進取的なる民衆が知識と美とを特権階級の独占より奪い返す」になってしまったのです。

では、なぜかれらは一様に「民衆」の語をもちいたのだろう。いうまでもない。それがこの時代、つまり大正デモクラシー(民本主義)の時代の気分が生みだした流行語だったからです。年齢や性別や地域や階層を問わない一般の人びとを、「国民」でも「大衆」でもなく「民衆」と呼び、そのことでかれらのうちにひそむ知的向上心に火をつける。そしてその新しい民衆の手のとどく場所に、本という道具をつかって、内外の「純文学」をはじめ、それまで少数のエリートが独占してきた哲学や科学や美術といった高級文化をひっぱりだす。それは正しいことなのだという時代の気分を岩波書店もつよく共有していたのです。ただしビジネスのやり方は円本商法とはちがう。おなじく「読書子に寄す」から引くと、

近時大量生産予約出版の流行を見る。その広告宣伝の狂態はしばらくおくも、後代にのこすと誇称する全集がその編集に万全の用意をなしたるか。千古の典籍の翻訳企図に敬虔の態度を欠かざりしか。さらに分売を許さず読者を繫縛して数十冊を強うるがごとき、はたしてその揚言する学芸解放のゆえんなりや。吾人は天下の名士の声に和してこれを推挙するに躊躇するものである。

要は「善い本を全民衆に解放する」というわりには、金もうけの底意があまりにもめだちすぎるぞ、という円本批判でしょう。自社が刊行する本を、たとえ〈かたい本〉であろうと、毎月刊行される雑誌のように大量かつ安定的に売りたい。そのために「分売」をやめ、事前に「予約出版」による全点購入を読者に強要する。それが円本商法だが、われわれはそうした姑息なやり方はしない。ほしい本を一点一点、だれもが安い定価で自由にえらんで購入できるようにする。そういう宣言なのですね、これは。

しかし、いくら他社とはちがう、われわれは「千古の典籍」への「敬虔の態度」を正しくつらぬくといっても、岩波書店も図書館のような公共機関ではなく資本主義的な私企業ですから、金もうけへの関心をそうそう簡単に捨て去るわけにはいかない。

じじつ二十世紀もこのあたりまですすむと、日本に先行して、欧米世界でも本や雑誌のあからさまな商品化がめだつようになっていました。

出版の近代化を推しすすめてきたエンジンは利潤の追求。そして、いったん起動したエンジンを止めずにいるためには、ひたすら売上げを伸ばしつづけるほかない。二十世紀初頭、その方向でまず突っ走ったのがアメリカ合衆国の出版業界です。そして日本の百万雑誌や円本も、かれらが先行してつくりあげた大量生産・大量宣伝・大量販売方式、すなわち「亜米利加型」

ビジネスモデルを丸ごと導入することによって華々しい成功をおさめることができた。

対するに岩波書店がお手本としてえらんだのは新興のアメリカではなく古きヨーロッパ、具体的にいえばドイツのレクラム文庫です。

十九世紀後半に発足した同文庫は、内外の古典を簡素な小型本として刊行しつづけるというやり方で、めざましい成功をおさめていた。このレクラム方式を岩波文庫がそのまま踏襲し、第一回配本として、三十一点の古典(『新訓万葉集』・プラトンから芭蕉・近松・カント・トルストイまで)や近代日本文学の名作(『藤村詩抄』『こゝろ』『五重塔』『にごりえ・たけくらべ』『病牀六尺』など)を一挙に刊行してみせた。それが一九二七年(昭和二年)のなかば――。

そしてこの大胆な作戦が功を奏し、古典や近代古典(十九世紀以降の名作)をポケットにはいる大きさの安価な小型本として市場に送りだす、という文庫本出版のモデルが確立されます。すかさず改造文庫・春陽堂文庫・新潮文庫などの大手や準大手があとを追い、並行して先進社大衆文庫・仏教文庫・神の国文庫・万有文庫・春陽堂少年文庫など、多種多彩な文庫がバタバタと登場してきた。そのあわただしさたるや、先行する〈円本ブーム〉の場合となんの変わりもない。つまり〈文庫ブーム〉の到来です。

岩波文庫の発足時、読者からの「感謝状や激励文」が岩波書店に殺到した。その一例として、出版ジャーナリストの山崎安雄が『岩波文庫物語』という本で、こんな手紙を紹介しています。

所謂日銭の這入らぬ百姓にも世間並の知識欲の芽生がある。独乙あたりのレクラムとかいうものが日本にも欲しいとの願は独り、貧乏な俺達ばかりの望でないだらう。岩波文庫万歳だ。俺達は乏しい財布で貴文庫を支持しやう。シッカリやって下さい。

（東北のある百姓投）

円本にせよ文庫にせよ、寝ころがって気楽に読めるような〈やわらかい本〉ではない。中身は内外の古典や近代古典を中心とする、どちらかというと〈かたい本〉です。それが猛烈ないきおいで売れた。〈本ばなれ〉の現在から考えると信じがたい気がしますが、都市と農村とを問わず、この時期、シャルチエのいう「教養」や「勉強」のために読むことへの欲求が、おおくの日本人のうちで、大げさにいうと爆発寸前にまで高まっていたのですね。

そして、こうした欲求の高まりに呼応して、本という長い歴史をもつメディアの徹底的な商品化がすすみ、わずか数年間で、今日までつづく大量生産・大量宣伝・大量販売という資本主義的産業としての出版の基本が、あっというまにかたちづくられた。さきに「日本出版史上有数の大事件」と書いたゆえんです。いやはや、まことにおどろくべき時代だったのです。

6　われらの読書法

ローソクから電灯へ

大正から昭和にかけて、〈かたい本〉と〈やわらかい本〉とを問わず、昼も夜も、日常的に本を読むことが階層をこえた日本人の生活習慣になった。どうやらそうなりそうだという方向がはっきりと見えてきました。

この変化を端的に示すのが百万雑誌と円本(廉価版全集)と文庫という新しい出版形態の出現だったわけですが、それだけでなく、おなじ時期に、人びとの読書にじかにかかわるいくつかの変化が並行して生じていた。なかでももっとも大きいのが電灯の一般家庭への普及です。

文明開化以前、暗い夜に本を読もうとすればローソクか行燈に頼るしかなかった。そこに明治にはいって石油ランプが加わる。こうした時代に読書をはじめた若者のひとりに三木清がいます。昭和前半期を代表する新世代の思想家で、岩波文庫「読書子に寄す」の影の執筆者でもあった。一八九七年(明治三十年)、兵庫県揖保郡平井村(現、たつの市)の半農半商(米屋)の家に生まれたというから、中野重治の五歳上――。

中野の生家と同様に、かれのそだった家にも本はなく、小学六年生のとき、村の医者の子に『日本少年』を見せてもらうまでは、世の中に雑誌というものがあることすら知らなかったという。そんな少年がやがて中学三年になり、先生や友人の影響でようやく本を読むようになった。

冬の夜、炬燵《こたつ》の中で、暗いランプの光で、母にいぶかられながら夜を徹して、(徳冨蘆花の)『思出の記』を読み耽《ふけ》ったことがあるが、これが小説というものを読んだ初めである。
(傍点は津野)

この『思出の記』を皮切りに、森鷗外、島崎藤村、北原白秋などの日本文学から、ツルゲーネフやオスカー・ワイルドなどの翻訳本、山路愛山《やまじあいざん》や徳富蘇峰の歴史書まで、「中学時代の後半は、私の混沌たる多読時代であった」と、のちに三木は「読書遍歴」という随筆で回顧しています。そして当時は五年制だった中学を卒業して上京、旧制一高での寄宿寮生活をはじめる。

それがちょうど、倉田百三『愛と認識との出発』や阿部次郎『三太郎の日記』の人気で「大正教養主義」の波動が大きくひろがってゆく時期にあたっていた。

> 今私が直接に経験してきた限り当時の日本の精神界を回顧してみると、まず冒険的で積極的な時代があり、（略）次にその反動として内省的で懐疑的な時期が現われ、そしてそうした空気の中から「教養」という観念が我が国のインテリゲンチャの間に現われたのである。従ってこの教養の観念はその由来からいって文学的乃至《ないし》哲学的であって、（略）意識的に政治的なものを外面的なものとして除外し排斥していたということができるであろう。（略）阿部次郎氏の『三太郎の日記』はその代表的な先駆で、私も寄宿寮の消灯後蠟燭の光で読み耽《ふけ》ったことがある。
>
> （傍点は津野）

「教養」というのはドイツ語の「ビルドゥング（人間形成）」の訳語で、この当時は、みずからの人間としての品位（人格）を読書によって内側から高め、バランスのとれた理解力を身につけることを意味していた。三木が寮で読んだという『三太郎の日記』にこんな一節があるので、ざっと要約しておきます。

――私には私の「個性」がある。その「個性」としての私には、日本人という「民族的特質を超越して世界に於けるあらゆる他の民族」に共通する「世界人」としての面がある。「釈迦や基督や孔子や、ソフォクレスやセネカやシェクスピーアや、ルソーやゲーテ」など、時間的にも空間的にもはるか遠方にいる「天才」たちの著作にせっすることで、「日本人」のうちなる「世界人」としての私をめざめさせ、時空をこえた「普遍的な人間」としてのゆたかな人格をつくりあげよう。

ここからもわかるように、大正教養主義のかなめは熱烈な読書奨励運動でもあったので、その熱気にあおられた旧制高校生たちが寮や下宿にこもり、内外の古典を猛烈ないきおいで読みはじめた。「ダンテの『神曲』とかゲーテの『ファウスト』など、むつかしくて分らないところも多かったがともかく一生懸命に読んだものである」と、三木も「読書遍歴」にしるしています。

西洋の名著を読んで真に独立した個人になろう。そう真正面から若者に呼びかけた点で、大正教養主義の読書論には、福沢諭吉の『学問のすゝめ』大正昭和版とでもいったおもむきがあった。

ただし阿部は「個人」ではなく「個性」といった。「個人」は社会的な概念なので、ともすればじぶんひとりの部屋のなかに社会や国家をひきこんでしまう。おそらくはそうなることを忌避して、読書と内省による「自分みがき」の道を推奨したのでしょう。三木もほのめかしているように、かれの心底には政治的なもの、とりわけ同じ時期に影響力をましつつあった社会的実践を重く見る社会主義やマルクス主義への反発心が、すくなからずひそんでいたのです。

ただし、こうした思想や精神面とは別に、いまあらためて〈読書と日本人〉という観点から大正教養主義の時代を見なおすと、より単純な、もうひとつの事実が浮かびあがってきます。中学生のとき石油ランプやローソクの薄暗い光で読書をはじめた田舎の少年が、わずか数年のちには、上京して、まばゆい白熱電球のもとで本を読むようになった。その読書環境に生じたいわば物質面での変化の速さです。

東京・名古屋・大阪などの大都市圏の電化はすでに二十世紀初頭にはじまっていました。ただし中心は依然として石油ランプで、東京でいえば一九二〇年ごろ、関東大震災の寸前になって、ようやく市内全域の家々に電灯がともる。もちろんそれまでも、高等学校のような公的な場所の電化はそれなりにすすんでいたのですよ。ただ使用時間に制限があったので、三木のような貧乏学生が夜中まで本を読みたいと思えば、むかしながらのローソクに頼るしかなかった。

そしてこの電灯の普及に関連して、おなじ時期の大都市圏でもうひとつの注目すべき変化が見られた。特殊な階層ではない普通の人びとの家に「書斎」が出現したのです。

大震災以後、東京郊外や、関西でいえば阪神間の宅地開発がすすむにつれて、六畳間ほどの洋室に複数の和室をくみあわせた和洋折衷の小住宅がめだつようになった。当時のことばでいう「文化住宅」です。居住者の中心は、日本経済の軸が農業から工業に移るにつれて故郷の村や町をはなれ、つい最近、ホワイトカラーの勤め人になったばかりの人びと。かれらによって、この国に新しい社会の中堅となるべき高学歴（大学や旧制高校や高等専門学校出）の中産階級がはじめてかたちづくられた。それが日本近代史の定説になっています。

ただし「高学歴」とか「知的中間層」といっても、その実態はといえば、もはや親ゆずりの資産や農村の共同体的な生活維持システムには頼れず、収入もまだ乏しい、あるのは多少の学歴と旺盛な向上心だけといった新参の都市住民にすぎない。そんな人びとが結婚して家庭をもち、あれこれ工面して郊外の新開地に新式の建売住宅（文化住宅）を買うか、おおくの場合、それを借りるかした。

こうした自家の和洋折衷の「洋」の部分、文化住宅の玄関わきに設けられた小ぶりな洋間が、さきにいった書斎です。学生時代になじんだ教養主義の影響もあって、この人びとには、おちついて読書に没頭できる〈じぶんひとりの部屋〉へのあこがれがあった。そのことがかれらを

〈書斎のある家〉としての文化住宅のほうへ引きよせたのです。より正確にいえば書斎兼応接間ですね。かつて室町時代の貴族たちの「書院」は、しばしば「会所」の機能をあわせもっていた。それとおなじ。

そして、いうまでもなく、この新しい書斎には電灯が明々ともっていました。でも電灯だけでは足りません。書斎というからには、ほかにも洋風のデスクや椅子など、かれらの快適な読書をささえる新しい家具が必要になる。なかんずく本棚。出版史家の柴野京子によると、背表紙を見せて蔵書をタテ置きする西洋式の本棚が一般家庭にまで普及したのが、電灯とおなじ大正期だったとのこと。たとえば東京郊外のある新婚家庭の場合、大正末期に今和次郎《こんわじろう》がおこなった考現学調査によると、

玄関前の書斎スペースに組立式と思われる棚一本、寝室のタンス置場に一間分の本棚と、「主人が学生時代に使っていた本棚を利用した茶簞笥」がある。最後のものは扉のついた家具だが、ほかは組立式のようなオープン棚である。同時代にメーカーの量産品が確認されていることからも、このころ一般的な中流家庭で本棚が普及していたとみられる。
（『書棚と平台』）

もし数年後の調査であれば、この「量産品」の本棚には、かならずや、乏しい家計をさいて買った円本全集や文庫本などの「量産品」が並んでいたはずです。いやそれどころか、本棚そのものだって改造社の『現代日本文学全集』のように、全巻予約者に出版社が景品として配布したものだったかもしれない。

貴族や武家や大百姓・大商人から僧侶や学者まで、従来、この国でまとまった量の本を自家に持つことができたのは、きわめてすくない階層の人びとにかぎられていた。

その占有状態にヒビ割れが生じ、新興の中産階級を先頭とする一般庶民、いわゆる「小市民」が歴史上はじめて、自宅の本棚に何十冊、何百冊もの本を所有するたのしみを味わうことになった。ただし住む家も電灯も本棚も、そこにならんだ本も、そのほとんどが安価な量産品――つまりは二十世紀の大量生産と大量消費革命の産物です。あけすけにいってしまえば、われわれの読書史が一世紀まえに体験した大きな変化は、じつはこうした特殊な性質をおびていたのです。

本棚のある家

では年来の夢を実現した小市民諸氏は、期待どおり、じぶんの書斎でたくさんの名著と、こころしずかにつきあうことができたのだろうか。

動機はどうあれ、ざんねんながら、かれらの書斎生活の夢は意外に早くしぼんでしまったようです。なにしろ仕事がいそがしかったし、読むというよりも、やっと手にした新しい暮らしとその未来を保証してくれる文化的な重しとしての蔵書。どちらかといえば、そうした象徴的な意味合いのほうがつよかった。現に、一九二九年(昭和四年)に新宿大久保の企業サラリーマンの息子として生まれた作家の加賀乙彦も、その自伝で幼少年期の読書についてこんなふうに語っています。

読み物では山中峯太郎が好きでした。そのほか、南洋一郎、海野十三、高垣眸——このへんは小学校に入ってからですね。(略)あのころは総ルビですから、子どもでもけっこう読めたんです。父の趣味で、当時流行った新潮社の『世界文学全集』、改造社の『現代日本文学全集』、第一書房の『近代劇全集』といった、いわゆる円本全集が応接間に飾られていたのですが、どうも飾るだけで読んだ形跡がない。書棚から本を引き出して読んでみると、ときどき頁と頁がひっついたりしていて、読んでいないな、とわかる(笑)。

四年生の夏休みには世界文学全集に入っていた『モンテ・クリスト伯』などの長篇にも挑戦しました。

私は加賀乙彦より十歳ほど年下ですが、おなじ新宿区そだち。そういえば戦後、焼け残った文化住宅かそれまがいの家に住んでいた私の友だち連中の父親(往年の若き高学歴の知的中間層)も、じぶんではさほど本を読んでいないように見えた。私の父親にしても似たようなもの。ただし、はたしてそれだけだったのかといえば、かならずしもそうとばかりはいいきれない。なぜか。かれらの書斎では同時にもうひとつ別のできごとがゆっくり進行していたからです。

具体的にいうと、たとえじぶんでは読まずとも、かれらの蔵書は息子や娘、さらには孫の代にまで継承され、その結果、加賀のような「とにかく本がある家庭」にそだつ子のかずが飛躍的に増えていった。じっさい加賀よりもひとつ上の世代(たとえば丸山真男)から、私たちのすぐあとにくる団塊世代あたりまでの人びとのおおくが、さまざまな場所で、おさないころ自宅や他人の家の本棚にあった円本全集や文庫本からじぶんの読書史を開始した経験について熱く語っている。つまりはそういうこと。景品の本棚にむなしく飾られた円本や文庫本にも、未来につながる文化資産としての力がしっかりとしのびこまされていたのです。

さて、そこで思いだすのが、改造社の山本実彦《さねひこ》や岩波書店の岩波茂雄など、そこに講談社の野間清治《せいじ》も加えて、この時代の出版界のリーダーたちが、旺盛なビジネス意欲の一方で、初々しいまでに強烈な教育欲を共有していたことです。

野間も岩波も出版業をはじめる以前は、中学や女学校の教師をしていた。そのせいもあってか、かれらは「内外の古典を読んでみずからの品格を高める」という教養主義的読書の理念に共鳴し、さらに一歩すすんで、そうした読書習慣を「少数者の書斎と研究室」などの「狭き堂宇」(「読書子に寄す」)から、より広びろした世界に解きはなとうと考えるにいたった。すなわちエリート的な教養主義の民衆化・大衆化です。そのためにも日本の家庭の一軒一軒に古今東西の古典や名作のストックをつくろう。いいかえれば信頼に足る〈家庭図書館〉の実現――それこそがわれわれの提供する円本全集や文庫が真にめざすところなのだと、かれらは考えた。

いや、かれらとかぎらず、北原白秋の肩入れする『日本児童文庫』と菊池寛企画の『小学生全集』が、過熱する円本ブームのなかで伝説的な泥仕合をくりひろげた。このときも前者が新聞広告で「模範的児童図書館の出現」と打ちあげたのに対して、すかさず後者が「児童用の一大図書館」と応じています。〈家庭図書館〉イメージが円本商法にはたした役割の大きさもですが、いままさに勃興しつつある資本主義的出版産業の気概といったものまでが、こうした応酬からもいきいきと伝わってくるようじゃないですか。

つまるところ、あれらの本棚の本はたんに父親の蔵書というだけでなく、最初から世代や時間をこえて生きのびるべく構想された〈家庭図書館〉でもあったのです。そして事実、震災後の一九二〇年代から三〇年代にかけて、ありふれた家庭の蔵書というかたちで、日本の社会に、おびただしい本の「良質な巨大ストック」(永嶺)がひっそりと蓄積されていった。

しかもこの時期には忘れることのできないもうひとつの大きなできごとがあった。いわずと知れた関東大震災です。それによってこの地域に蓄積された膨大な量の木版本や活字本があっけなく消え失せたこと——。

三四郎の利用していた東京帝大付属図書館も全焼し、旧幕府からひきついだ貴重な歴史資料をふくむ日本最大の蔵書(約七十六万冊)の大部分がいちどに失われた。東京市の市立図書館も大小あわせて十二館が焼け落ち、全蔵書の五〇%が灰になった。そのほか個人や諸施設の蔵書を合わせて、さきに「維新後の日本が半世紀にわたって蓄積してきた」とのべた「大量の知的資産」のおおくが跡形もなく消滅してしまったのです。

戦争や独裁政治や大火や自然災害によって大量の本が破壊される。そのことをさす「リブリサイド」という新語があります。いうまでもなく「大量殺戮」を意味する「ジェノサイド」の語のもじり。

大震災後、この「本の大量殺戮」に抗して、いくつかのこころみが企てられた。なかで有名なのが一九二七年から三〇年にかけて日本評論社から刊行された『明治文化全集』という全二十四巻の円本全集です。吉野作造、尾佐竹猛《おさたけたけき》、宮武外骨《みやたけがいこつ》、石井研堂《けんどう》といった人びとが明治文化研究会という実行団体を組織し、つぎなる危機にそなえて焼け残った明治期の歴史資料を収集・分類し、それを円本の大量生産方式によって集成しておこうと力をつくした。

中村草田男《くさたお》に「降る雪や明治は遠くなりにけり」という有名な句がある。あれがちょうどこの時期の作です。

この句からもわかるように、大正教養主義に円本・文庫ブームがかさなった昭和初頭というのは、大震災を契機に〈明治〉という近過去がはじめて歴史化され、人びとが遠ざかる時代の知的産物の保存に意識的に取り組みはじめた時期でもあった。ひとつにはそうした時代の空気があたりに濃厚にたちこめていたからこそ、普通の庶民までが、思わず知らずストックとしての本のもつ力にひきよせられていったのでしょう。

そしてこの過程に並行して、社会の各層で、読書を健全な暮らしを乱す悪徳の一種と見なす旧来の慣習が力を失ってゆく。都市だけでなく農村でも、頭ごなしに読書を禁じた二宮金次郎の親戚のおじさんや、「本ばっかり読みなんな」と息子を叱る中野重治や三木清の母親たちのような人びとのかずが減り、それにかわって「私たちの人生にとって読書というのは基本的によい習慣なのだ」と考える新しい常識が社会に根づきはじめた。〈二十世紀読書〉の基本となり、いまもまだなんとか生きのびているのが、この新しい常識なのです。

日雇い労働者の読書

では知的中間層以外の、国民の大多数をしめる低学歴の大衆は、日々、どんな読書生活を送っていたのだろうか。その実態を知りたいのに適切な資料がみつからない。そんなとき手にした山口輝臣編『日記に読む近代日本3　大正』という本で出会ったのが、東京市社会局が一九二八年(昭和三年)から翌年にかけて刊行した『日傭《ひやとい》労働者の日記』という報告書でした。

大正期の日本では学歴エリートにかぎらず、おおくの若者が窮乏化する農村を棄てて都会にやってきた。ところが大震災をはさんで断続的な不況がつづき、安定した職に見はなされた若者たちは、やむなくその日暮らしの肉体労働者として働くしかなくなる。そこで、これらの若者たちをふくむ自由労働者（いまふうにいえばフリーター。日雇い労働者のこと）の生活ぶりを実態にそくして調査しておこうと、東京市社会局が、ある一週間、市内の労働宿泊所や木賃宿に暮らす二百七十人の人びとに日記を書かせ、二冊の小冊子にまとめた。それがこの『日傭労働者の日記』です。

その現物が国立国会図書館の「近代デジタルライブラリー」で読めると知って、さっそくアクセスしてみた。期待どおり、読書にかかわる記述がいくつも見つかりました。その一部を以下に短く引いておきます。誤字脱字などはそのまま。カッコ内の数字は記述者の年齢です。

①本日午後つれ〴〵なるままに小説光秀旅日誌を読む、（略）信長を殺したる事を除いた他の点光秀は我々の手本であると思ふ。（40）

②今日も相変らず行つて仕事をした、（略）附近の工場の気苗（笛）がなる。一休する。夕方の太陽が真赤になつて美しい、帰る。菊池寛の作品に耽読し寝る。（21）

③午前十時頃より一ツ橋の図書館へ行く岩野氏の地球は曇るを読む余り大した書でもな

かつた矢張り菊地氏や久米氏の方が我々に面白く感ずる。（33）
④晴天、欠員補充満員の為めあぶれる、上野に児童生活博覧会を見る。浅草図書館にて終日読書。（略）朝来曇天午後より雨となり夜夏目漱石集を読む。（30）
⑤夜分は読書に依つて十一時迄を過す。こうした生活をして居ても本をひもどくと云ふ事の出来るのは実に自分等の幸福である。良書に依つて得る所の知識は其の人の将来を支配すると云つても過言ではあるまい。労働生活とりわけ自由労働の生活をしていると自然と書物に遠ざかつて行く様になつてしまふ。事実はげしい一日の労働を終つて家に帰ると寝るより外に考へはなくなつてしまふ。如何なる階級を問はず読書と云ふものは必要と思ふ。（26）
⑥三時頃帰宅。宿屋の風呂に疲労を医やし、夕食後市立中和図書館へ行く。本間久雄著文学概論を読む。（略）買つてきた改造――昭和二年九月号――を読む。芥川龍之介氏の追悼文で妙に興奮する。（19）

おどろきましたね。みなさん、私がぼんやりと考えていた以上に本を読むのが好きだったようだ。しかも読んでいるもののほとんどが新刊本で、硬から軟まで、たいへんバラエティに富んでいる。

①の『小説光秀旅日誌』はおそらく『長編講談光秀旅日記』（博文館、一九二〇年刊）のまちがいでしょう。明治はじめの三遊亭円朝の「講談速記」にはじまり、このころもまだ「書き講談」や「新講談」など、さまざまなタイプの講談本（有名な「立川文庫」をふくむ）が大衆読書の中心にあって人気をあつめていた。その読者がふと書きとめためずらしいメモ。

ただしその一方で、新聞や雑誌を読む人びとの層がひろがるにつれて、新しいタイプの大衆読物への広範な期待が生じてきた。それをうけて登場したのが、白井喬二《きょうじ》『富士に立つ影』、大佛《おさらぎ》次郎『赤穂浪士』、吉川英治『鳴門秘帖』、直木三十五《さんじゅうご》『仇討浄瑠璃坂』、国枝史郎『蔦葛《つたかずら》木曽桟《きそのかけはし》』、野村胡堂《こどう》『美男狩』、林不忘《ふぼう》『新版大岡政談』など、岡本綺堂《きどう》の『半七捕物帳』や中里介山の『大菩薩峠』をもふくめて、そのおおくが無名か無名に近い作者の手になる時代小説の傑作群です。

そして一九二七年（昭和二年）、これらの新作家を結集して、平凡社から『現代大衆文学全集』という円本全集が刊行される。全六十巻。初巻の白井喬二集は初版三十三万部の大成功。つづく巻もよく売れて、それをきっかけに〈大衆文学〉という新名称（白井の命名とされる）が広く社会に定着し、今日にまでつづく大衆文学の歴史がはじまった。

ただし現在とちがって、この段階での〈大衆文学〉の語は、おもに古い講談本にとってかわるべき新しい時代小説を意味していました。したがって菊池寛の大ベストセラー『真珠夫人』のような恋愛小説や現代小説は、この平凡社版全集には収録されていない。そちらは〈通俗小説〉という別の名称で呼ばれていた。②の筆者が「耽読」したという「菊池寛の作品」も、さきを読んでゆくと、まさしくその『真珠夫人』であったことがわかります。この筆者は二十一歳。対するに『長編講談光秀旅日記』を読む①の筆者はその倍の四十歳。読者の好みは、たしかにこの時期に早足で変化していったようです。

③の『地球は曇る』は作者が「岩野氏」となっているが、これは大逆事件で殺された大石誠之助の親友で牧師の沖野岩三郎のまちがい。『地球は曇る』は釜山の日本語学校の教師として赴任した日本人青年の物語で、おなじく現代小説とはいうものの、菊池寛や久米正雄の恋愛小説にくらべると、地味すぎて、あまりピンとこなかったらしい。

つぎの④『夏目漱石集』は『吾輩は猫である』『坊っちゃん』『草枕』のほか、主として中短編と随筆をおさめた作品集で、その前年、改造社版『現代日本文学全集』の第十九篇として刊行されたばかりだった。

前記の山口輝臣によると、おなじ東京市社会局が数年まえにおこなった調査では、「男性の自由労働者の大多数は少なくとも義務教育〔当時は小学校まで〕だけは受けており、それ以上の学歴を有する者も一割以上」いたとのこと。⑤の筆者は、どうやらその「一割以上」に属していたようです。この一節を引いて「読書を通じた自己形成という大正教養主義的な考え方は、木賃宿の一部にまで根付いていた」と山口が指摘している。私もおなじ印象をうけました。⑥の書き手も「一割以上」の一員だったかもしれません。本間久雄は早稲田系の研究者でウィリアム・モリスの紹介者としても知られていた。芥川龍之介は同年七月二十四日没。日記の日付は十一月四日だから二か月以上のズレがある。かれが買ってきた『改造』はおそらく古本だったのでしょう。

しかし、ふしぎです。日記によると、かれらはこれらの本をおもに図書館で借りて読んだらしい。でも一世紀まえですよ。そのころ日本の図書館サービスは、労働宿泊所や木賃宿の住人たちがこころおきなく利用できるほどオープンな仕組みになっていたのかしらん。

いそいで結論をいってしまうと、なっていたのです。

東京でいうと、市立の「中央図書館」にあたる日比谷図書館の開館が一九〇八年〔明治四十一年〕。そのあと深川、一橋、京橋という三つの中規模の〈独立図書館〉がつづき、並行して、牛込、日本橋、小石川、本郷、浅草、下谷台南、麻布、本所、芝、四谷、神田、赤坂、中和、両国……と、「簡易図書館」「通俗図書館」「自由図書館」などと呼ばれる小さな図書館が続々と開設されていった。日記からもわかるように、日ごろ、かれらがかよっていたのは近所の小学校などに併設された、これらの地域住民向けのミニ図書館だったのです。

しかもそこでは、かれらが気軽に利用できるような決まりがきちんとできていた。

その第一は「夜間開館」です。夜九時まで開いていたので、昼間のきつい肉体労働を終えたあと、近所の図書館でかなりおそくまで本や新聞が読めた。第二は「館外貸出」です。図書館の本は館内で読むのがふつうだった時代に、ここでは借りた本を労働宿泊所などの自室に持ち帰ることができた。そして第三に「無料原則」。入館料も利用料もなし。そのため休日や雨で仕事にアブれたときなど、おおくの自由労働者が地域の図書館に遊びにゆくようになり、ために「乞食も居る簡易図書館」といった見出しの記事が新聞にのったりしたのだとか。

念のために注記しておくと、戦前の図書館がすべて無料だったわけではありません。館外貸出や夜間開館もそうですが、われわれの国で公共図書館はタダと正式に定められたのは、ようやく戦後、米軍占領下の一九五〇年に現行の「図書館法」が制定されたのちのことなのです。なのに、そのはるか以前、たとえ一部の地域にかぎられるとはいえ、欧米でも完全には実施されていなかった近代図書館のサービス原則が、かなり徹底的なやり方で実現されていた。誇るに足る歴史的事実だと思うのだが、そのわりにはあまり注目されていない。ちょっとざんねんな気がします。

資本主義的な商品としての本の価値があられもないまでに表面化した。それが二十世紀。ただし商品としてだけでなく、この事実が示すように、この世紀は同時に、英米を中心とする先進諸国で公共的な文化資産としての本の価値が制度として確立された時代でもあった。

つまりこういうことです。

本にはじつはふたつの顔がある。ひとつは商品としての顔。そしてもうひとつが公共的な文化資産としての顔です。出版社は本を売り買いする商品として生産し、図書館はその本から商品性をはぎとって、だれもが自由に利用できる公共的な文化資産としてあつかう。だから書店では金を支払って買わなければならない本も、図書館に行けばタダで読めてしまう。このふたつの顔の実現不可能とも思える共存を、出版社と図書館の双方がそろっておおやけに承認した。〈見知らぬ他人たちとともに本を読む〉という二十世紀読書の基盤には、ひとつには、そうした二重性をゆるす寛容さと大胆な制度的決断があったのです。

大正なかばの東京下町に「乞食も居る簡易図書館」が次つぎに出現した。これもおなじ決断のあらわれです。日ごと、東京の町々に増えてゆく自由労働者のすがたは図書館人の目にも映っていた。この人びとから「快楽あるいは教養、気晴らしあるいは勉強のために読む」(シャルチエ)機会をうばってしまえば、そのぶん社会の安定が崩れかねない。そうした危機意識もあって、まずは市立図書館内部に「自由労働者も図書館利用者として積極的に受け入れよう」という気運が生じてきたのでしょう。

したがって当時の図書館人がそう考えたのは理解できるのですよ。しかし、たえざる利潤拡大をめざす出版産業人までが、なぜ図書館の無料原則に対してあれほど寛容にふるまうことができたのか。そこのところがちょっとわかりにくい。図書館人同様、かれらも大正デモクラシーの空気を深々と呼吸し、「学者や研究者の専有物を民衆に開放しよう」と真剣に考えていた。それは事実です。でもそれだけの理由で大切な商品をタダで公開するなどということがあるのかしらん。

考えられる答えはひとつしかない。かれらの同意には大正デモクラシーという底のほかに、もう一枚、別の底があった。〈本を読む大衆〉が増えつづけてくれないかぎり、われわれのビジネスに安定的成長はないという確信がそれです。そのためには小学校の義務教育だけでは足りない。ほかにも貧富の差なく、すべての人びとが日常的に本に触れ、読書する習慣を身につけることのできる開かれた場が必要だ。とすれば、たとえ多少の損失をこうむろうとも、われわれわれの商品を例外的にタダで利用させる権利を図書館にあたえるのを拒む理由はない。おそらくそれがあの寛容性をささえる出版産業側のもうひとつの認識だったのでしょう。

そしてまもなく関東大震災。それによって東京の図書館は甚大な被害をこうむった。でも市立図書館、なかんずく簡易図書館群の復興はきわめて迅速でした。まさしく円本や文庫ブームをバネにした出版界の復興がそうだったように。そのことは震災の五年後、『日傭労働者の日記』にしるされたような平穏な読書生活が、なんとか元にもどっていたらしいことからも推測がつくのです。

電車で読む人びと

識字率のめざましい向上。それにつれて読書への欲求が階層の別をこえてひろがり、それを大量生産・大量宣伝・大量販売の技術と流通のしくみが煽り、かつ支える――。

こうして〈読書の黄金時代〉としての二十世紀の基本的な構造ができあがり、日本人のおおくが日常的に本にしたしむようになった。そして、いつしかそこからわれわれに特有の本とのつきあい方――私のいい方では「二十世紀読書」ということになりますが、その新しいクセ

（習慣）とでもいったものが生まれてくる。

たとえば「車内読書」――いまでこそ大幅に減ったが、以前は電車の中で、老若男女を問わず、おおぜいの人びとが本や雑誌を読んでいた。この集団的なクセは、もういちど永嶺重敏の研究にたよっていうと、どうやら震災後十年ほどのあいだに東京や関西の大都市圏ではじめて生まれたものらしい。

東京でいうと、この時期に皇居中心の旧東京が山手線の外側にまで拡がり、現在の東急池上線、同目蒲線、同東横線、西武池袋線、東武鉄道、小田急、京王線、京王井の頭線などの前身にあたる新しい郊外電車が続々と運行を開始した。そして沿線に新しい住宅地が造成され、そこに前記の高学歴サラリーマンが引っ越してくる。そして、この人びとを中心とする新住民の急増によって、一九一九年（大正八年）には東京の総乗客数の二割にすぎなかった郊外路線の乗客が、一九二八年（昭和三年）には五割にまでふくれあがった。かくして「彼等は従来よりはるかに長い距離を、長い通勤時間をかけて移動しなければならなく」なり、そのことが「必然的に通勤読書の発達」につながっていったのである。――そう永嶺が二〇〇一年にでた『モダン都市の読書空間』という本で論じています。

ただし小型で軽い文庫本ならともかく、小さな活字で小説や評論をぎっしりつめこんだ部厚い円本を通勤電車で読むのは、なかなか楽ではない。いきおい、かれらの関心は「それほどの集中力を必要とせずに気軽に読めるものや短い時間で読み切れるもの」のほうへと流れ、それに応じて「新しいジャンルの読物」が登場してきた。

ひとつは随筆・探訪・座談会・実話・手記などの、ひとまとめに「雑文」とよばれる軽読物。一九二三年に創刊されたのち、この流れにのって売上げをのばし、やがて新時代の国民雑誌とみなされるようになったのが菊池寛編集の『文藝春秋』です。そしてもうひとつが新興の大衆小説。さきにふれた時代小説や通俗小説です。さらには江戸川乱歩の『二銭銅貨』や『D坂の殺人事件』にはじまる探偵小説や、吉屋信子『花物語』を先駆けとする少女小説なども。

したがって総じていえば〈かたい本〉から〈やわらかい本〉へ——その半世紀後、一九八〇年代の流行語でいえば〈重厚長大〉型読書から〈軽薄短小〉型読書への移行です。

どんなにむずかしくても「ともかく一生懸命に読んだ」というのが若き日の三木清です。そこにはじまり、おなじ農村出身の若い自由労働者までが〈自分みがき〉の手段として、むずかしい本を懸命に読むようになった。ところが、こうした教養主義的読書の姿勢にもいつしか乱れが生じ、教養主義の本来の担い手だったはずの若き知識層のあいだでも、重厚長大から軽薄短小への読書傾向の転換がめだつようになった。その変化のさまを如実に示すのが電車内での読書光景だったというわけです。

そのこととかかわって、もうひとつ例をあげておくと、〈おそ読み〉から〈早読み〉への変化。これも二十世紀にはいって私たちの読書に生じた特有のクセといっていいでしょう。つとにメーチニコフが指摘したとおり、前代の木版本にくらべると、文字から個性をはぎとって規格化した活版印刷の本は圧倒的に読みやすい。そこにさらに句読点や振り仮名の採用、字詰めや行間の工夫、活字書体の洗練、印刷技術の向上といったイノベーションがかさなり、読みやすい本がいっそう読みやすくなった。それにつれて読む速度も早くなる。のみならず出版流通がととのって読みたい本が入手しやすくなり、電化によって夜でも本が読めるようになった。〈おそ読み〉から〈早読み〉への変化は、なによりもまず、こうした近代化プロセスがもたらした必然の結果だったのです。

そして〈早読み〉はただちに〈多読〉につながる。少数の本を繰りかえし読む。それが前代の読書の基本的な姿勢だったが、それが出版近代化以後、大量生産された本をできるだけおおく読むことに変わる。この変化が決定的なものになったのが、大ざっぱにいって、やはり教養主義的読書の時代だったのです。

一九三八年(昭和十三年)、日本評論社からでた河合栄治郎編『学生と読書』という実用書が、学生向けの枠をはるかにこえる大ベストセラーになった。そこに「如何に読書すべきか」という文章をよせた三木清が、「読書家とは多読家の別名である」とズバリといいきっています。

濫読を戒めるのは大切なことである。しかしひとは濫読の危険を通じて自分の気質に適した読書法に達することができる。一冊の本を精読せよと云はれても、特に自分に必要な一冊が果して何であるかは、多く読んでみなくては分らないではないか。古典を読めと云はれても、すでにその古典が東西古今に亙つて数多く存在し、しかも新しいものを知つてゐなくては古典の新しい意味を発見することも不可能であらう。

かつての儒教的な「修養」の時代なら一冊の本をお経のように繰りかえし読んでいればいい。しかし「世界人」たらんとする現代人の知的・倫理的基礎となる「教養」となるとそうはいかない。三木にかぎらず、「東西古今に亙つて」大量の本を読むことは教養主義的読書にとっての必須の前提になっていたのです。

——いや二十世紀といわず、「多読のすすめ」は前代にもあったよ。

もちろんそういう意見もあるでしょう。たとえば本居宣長。かれは現に『宇比山踏《ういやまぶみ》』という学問入門書で、まずは「ざっと見て、他の本にうつり、あれこれと読んでは、またさきに読んだ本にもどって、何遍も読むうちには、はじめにわからなかったこともそろそろわかるようになってゆく」(石川淳訳)と、はっきりのべてるじゃないの――。

それはそのとおり。ただしそうはいっても、部数にかぎりのある写本や木版本の時代にあって、宣長のような裕福な商人学者ではない一般の人間が、このすすめに忠実にしたがうのはきわめて困難だった。そのためにはどうしても活版印刷による本の大量生産と低廉化が不可欠だった。これはそういう話なのです。

しかも宣長の時代とちがって、読むべき本の範囲が「東西古今に亙つて」途方もない規模で拡がっている。その読むべき本の筆頭にくるのが西洋の古典や最新の思想書です。しかし、いかに秀才とはいえ、まだ勉強中だった高校生や大学生に何冊もの原書を自在に読みこなす力があったとは思えない。おそらくかれらの大半は翻訳で読んだのでしょう。

さいわい『学問のすゝめ』から半世紀がすぎ、この国にも、かれらの「混沌たる多読」(三木)を可能にするだけの量の翻訳本が、すでにかなりのていど蓄積されていた。坪内逍遙訳のシェークスピア、二葉亭四迷訳のツルゲーネフ、竹友藻風訳のダンテ、生田長江訳のゲーテやニーチェにはじまり、米川正夫、中村白葉、神西《じんざい》清、日夏耿之介《こうのすけ》、豊島與志雄、堀口大學、山内義雄、秦《はた》豊吉、大山定一《ていいち》といった新世代の翻訳家も続々と登場している。日本の出版産業もこの段階になると、かれらのさかんな読書欲をとりあえず充たすだけの実力をそなえるようになっていたのです。

こうして〈じぶんだけの部屋で黙って本を読む〉という読書習慣が定着し、あっというまにそれが電車のなかで〈おおぜいの他人といっしょに読む〉ところにまで行きついた。そしていまや私たちは電車やバスでひとり黙々と小型の携帯端末に見入っている。こうした新しいクセの遠い源泉も、じつはこのあたりにあったのです。

7　焼け跡からの再出発

紙が消えた!

一九四五年夏、大日本帝国敗戦。この年の四月、満七歳になったばかりの私は川崎市の元住吉小学校に入学しました。

そして、おなじ年の暮れ、空襲で焼けのこった家に祖父の一家が樺太から引き揚げてくる。そのとき小学六年だった若い叔父が大切に持ち帰った江戸川乱歩の『少年探偵団』によって私の個人的な読書史がやっとはじまった。「やっと」というのは、せっかく読み書きをおぼえたのに、敗戦直後のこの国には、子どもが読めるような新しい面白い本がなかったからです。なにはともあれ、まずは以下の略年表(清水英夫・小林一博『出版業界』所収の年表から摘出)を見てください。

一九四一年（昭和十六年）　二万九二〇四点
一九四二年（昭和十七年）　二万四二一一点
一九四三年（昭和十八年）　一万七八一八点
一九四四年（昭和十九年）　五四三八点
一九四五年（昭和二十年）　八七八点

一年にわずか八七八点ですよ。いまは約八万点。くらべればゼロにちかい。こんな状態で、子ども向けの新刊本がさかんに刊行されようわけがない。それにしても、これほどの急落現象がなぜ、とつぜん生じてしまったのか。いうまでもない。戦争のせいです。

二十世紀にはいって右肩上がりで増えつづけた書籍の出版点数が、一九三六年（昭和十一年）に三万一九九六点になる。「これが戦前・戦中期のピーク」で、その後もしばらくは二万点台を維持していた、とさきにのべました。この数字が一万点台に転じるのが一九四三年。前々年暮れの真珠湾攻撃で対米英の「太平洋戦争」がはじまり、中国大陸にかぎられていた戦線が太平洋域にまで拡大されて、それでなくとも乏しい物資をあげて戦争遂行のためにそそぎこまねばならなくなった。そのことで石炭から食糧まで、人びとの暮らしをささえる基盤があっけなく崩れてゆく。本の世界についていえば、このときまっさきに直面することになったのが紙飢饉でした。

二十世紀はじめ、日露戦争によって自国領となった樺太(現、サハリン)の広大な針葉樹林帯に、複数の製紙会社が木材パルプの大工場をきそって建設する。それをきっかけに日本の製紙業はめざましい発達をとげ、早くも大正なかばには世界でも有数の製紙国になっていた。なるほど、百万雑誌や円本の大量生産が可能になったのも、そのおかげだったのか。

ところが一九三七年(昭和十二年)、盧溝橋事件をきっかけに日中戦争がはじまり、翌三八年には「国家総動員法」制定。前線と銃後の別なく、すべての物資と人員を戦争に集中させるという総力戦下での国家統制が一気に強化される。なかで非軍需産業とみなされた製紙業は、石炭・電力・化学薬品などの供給割当を大幅に削られ、のみならず太平洋戦争勃発後は大小の企業が強引に統廃合されて、おおくの工場が軍需分野に転換させられてしまった。

紙の生産量が減れば、それに応じて出版社に割り当てられる出版用紙の量も減る。途方に暮れる出版界にあって、この事態にいち早く対応したのが菊池寛ひきいる文藝春秋社です。一九四三年、まだ「比較的余力がある」満州に永井龍男を長とする満州文藝春秋社を設立し、「そこで雑誌を出し、また(本土でつくった)紙型を航空便で運んで、満州の紙を使って書物を出すというのが、社の幹部のもくろみであった」と、同社の編集部員だった池島信平がのちに『雑誌記者』という本で証言しています。

われわれが満州でこんな生活をしているうちに、内地は刻々と情勢が急迫していた。紙の不足により出版社の企業整備が強力に行われ、むりやりに出版社は二百前後に縮小され、『文芸春秋』も総合雑誌の部門から文芸雑誌の部門に移され、否応なしに文芸雑誌としての編集を命ぜられた。ずいぶんバカバカしいことをするもんだと思っていたが、その頃の或る夜、わたくしが社宅へ帰ってみると、永井龍男さんが憂鬱な顔をして、

「いま、ラジオで聴いたんだが、『中央公論』と『改造』が廃刊させられたよ」

といった。

来たるべきものが来たという感じとともに、いいようのない侘しさが襲ってきた。ひどい時代である。みんな、よそごとではない。やがてみな自分の身に振りかかることだという予感がしたわけである。

つまり統廃合を強いられたのは製紙業界だけではなかったのです。池島もいうように、これとおなじ事態が出版業界にも生じ、それまで二二四一社あった出版社が十分の一に、二千誌以上あった雑誌も半分に減らされてしまった。しかもこの統制の背後には物資不足だけではなく、時局に反する意見や退廃的な表現は徹底的に禁圧するぞ、という苛烈な国家意思がはたらいていた。その意思をあからさまに表明してみせたできごとが、いわゆる「横浜事件」です。

一九四二年、雑誌座談会をよそおって共産党再建の謀議をおこなったというでっちあげによって、改造社、中央公論社、朝日新聞社、岩波書店、日本評論社などの九十人ちかい編集者やその他の関係者が逮捕され、はげしい拷問によって四人が獄死する。そして『改造』『中央公論』は廃刊。遠い満州の地にあって「よそごとではない」と感じたと池島信平がいうのが、この事件をさしていたことはいうまでもないでしょう。

いや横浜事件にとどまらず、すでに一九四〇年には新たに内閣情報局が発足し、紙の配給権を一手に握るとともに、事前検閲によって国家や社会の「安寧秩序を乱す」と判定された本や新聞雑誌の発行を禁じ、鋳型や紙型まで没収してしまう言論統制システムが蟻の這いでる隙もなくできあがっていた。

となれば言論や出版の自由などあったものではありません。中野重治のようなマルクス主義者はもとより、永井荷風や谷崎潤一郎といった非政治的な作家たちまでが沈黙を余儀なくされた。河合栄治郎や三木清などの教養主義的読書の啓蒙家たちも例外ではありえない。リベラルな経済学者だった河合の場合でいえば、かれの編になる『学生と読書』刊行とおなじ年に四点の著書が発禁になり、ほどなく東京帝大から逐われてしまう。三木清も一九四五年の年頭に治安維持法違反で逮捕され、刑務所で疥癬を病んで全身を掻きむしりながら敗戦直前に死んでいった。

こうしてようやく戦争が終わります。そこで再度、紙飢饉についていうと、各地の製紙工場が戦争末期にB29の空爆で破壊され、さらには敗戦によって「製紙業の発展を支えた主たる物的基盤」だった樺太材を失い、終戦時、日本の紙生産はまったくの「麻痺状態」におちいっていた。そう王子製紙刊の『製紙業の一〇〇年』という業界史がつたえています。

もちろん製紙業だけでなく、印刷も製本も流通も、出版をささえる産業のすべてが空襲で工場や社屋を焼かれ、おおぜいの働き手を戦場にうばわれて「満身創痍の姿」(同)で終戦をむかえるしかなかった。おまけに作家も学者もジャーナリストも編集者も、出版にかかわる人間の大多数が、これからの新しい社会にじぶんはどう対処してゆけばいいのだろうと、なすすべもなく茫然と立ちつくしている。この年の八七八点というおそるべき出版点数の下落は、そうした一切の「麻痺状態」の結果だったのです。

ただし、こうした出版の麻痺状態を体験したのはなにも日本人だけではありません。自国が戦場となった中国や朝鮮や東南アジアはもとより、ドイツやフランスやイギリスなどのヨーロッパ諸国でも、あるいはソ連でも、第二次世界大戦によって大不況から脱けだしたアメリカ合衆国をのぞくほとんどの国で、日本と同等か、それ以上に悲惨な事態が生じていた。ようするに〈読書の黄金時代〉としての二十世紀は、そのまっただなかで、せっかく社会に広く根づいた読書習慣が戦争で破壊されるという手ひどい体験を、いわば世界規模で、とことん味わわざるをえなかったのです。

本への飢え

あびるほど本が読みたいのに、かんじんの本がどこにもない。その飢餓感を私よりもいくらか年長の少年たちは、私のようなチビよりもいっそうつよく味わっていたようです。たとえば私より四歳上の井上ひさしの場合——。

敗戦の翌年、小学五年生だったひさし少年は露店の古本屋で戦前の部厚い『少年倶楽部』をみつけて、大よろこびで買って帰った。「ところが家に帰って開いて見ると、表紙だけが「少年倶楽部」で、中身はぜんぜんちがうんですよ」と、あるところで語っています。

その後、今度こそ本物の「少年倶楽部」を読みたいと思って、注文したんです。(略)すると、新聞みたいなのが来るんです。(略)「ここをハサミで切りなさい。糸でここを綴じなさい」って書いてあって、(略)自分で「少年倶楽部」を作って、やっと完成して読み始めるんですけど、あっという間に終わっちゃうんですね、なにしろ三十二ページしかないんですから(笑)。

信じてもらえないかもしれないけど、ほんとうにそんな時代があったんです。

(『本の運命』)

駅前の闇市で手に入れたインチキ本に失望し、戦後、誌名をいそいで『少年クラブ』と変更した雑誌の最新号をわざわざとりよせてみたら、なんとそれが……。

私はまったく記憶にないのですが、さきの『製紙業の一〇〇年』によると、「当時の用紙事情、造本事情の劣悪な条件にしばられ」て、少年雑誌どころか、教科書でさえも「きわめて粗末な分冊折りたたみ（未裁断）で、（略）児童たちは、自分の手でその折りたたまれたページを切り開いて」つかっていたらしい。

あるいは詩人の大岡信（私の七歳上）の場合――。

かれもまた「焼け残った数少ない書物を、みんなの共有財産のようにして、ガリ版に写し、粗末だが尊いテキストを作って輪読をやるのが、中学校に通う一つの大きな楽しみになった」（「私の中の古典」）と回想しています。

読みたい本が入手できないので、しかたなくそれを自製する。古本の粗末なコピーをつくって綴じて読む。信じようと信じまいと「そういう時代」が現にあったし、このさき仮に紙の本が電子本にとって代わられようとも、おなじ事態（戦争や自然災害による本の消滅）が再現しないという保証はどこにもない。しかし、たとえそうなったとしても、いったんめざめたわれわれの読書欲が消えることはないにちがいない。かれらの証言はいまもそう私たちに告げているようです。

そして注目しておきたい事実がもうひとつ、戦前期に形成された教養主義的読書の習慣が、おそらくはさして意識されることもなく、そのまま戦後の読書の中心で生きのびていたこと。人間が人間として正しく成長するために、かならず読んでおくべき一連の本がある。若者のあいだで暗黙裡に共有されていたそうした必読本のリストが、本の暗黒時代ともいうべき戦中期をはさんで戦後にまでそっくり受けつがれていた。

いや、そのまえにやはり戦中期の読書について触れておいたほうがいいでしょう。とくに若者の読書――『きけ わだつみのこえ――日本戦没学生の手記』を筆頭に、そのことをいまにつたえる資料はさまざまあります。さいきんも原稿用紙にして三十八枚ほどの若き日の水木しげるの日記が発見され、荒俣宏の長文の解説とあわせて『戦争と読書――水木しげる出征前手記』という一冊の新書になった。

水木しげるは一九二二年(大正十一年)に大阪に生まれ、鳥取県の境港でそだった。高等小学校卒業後、画家をめざして大阪で働きながら画塾や私立中学の夜間部で学び、一九四三年に召集されて、ニューブリテン島ラバウルの殲滅戦で左腕を失う。――それに先だって、一九四二年秋、二十歳になったかれは鳥取で徴兵検査をうけた。乙種合格。その直前の一か月間につけた読書ノートがこの日記です。以下にそのほんの一部を(改行をはぶいて)引いておきます。

〇毎日五万も十万も戦死する時代だ。芸術が何んだ哲学が何んだ。今は考へる事すらゆるされない時代だ。(略)人を一塊の土くれにする時代だ。こんな所で自己にとどまるのは死よりつらい。だから、一切を捨てゝ時代になつてしまふ事だ。暴力だ権力だ。そして死んでしまふ事だ。それが一番安心の出来る生き方だ。
○あゝ如何にせん。死は欲すれど、欲さず、生は欲さざれども欲す。死の決意あらば仏の道を問へ。とは理屈である。生ある限り、生ける限りは、一つのものでは満足出来ぬ吾だ。いや、（略）理屈はもういゝ。吾は意を決して仏教に入らむ入らむ。
○動物学植物学地質学等をやらむと思ふ。
○頭は内乱だ。朝から一時まで本屋を歩き廻つた。死なう、博物学と共に死んでやらう。始め、キリスト教を手がけてはなした。画も哲学も。仏教も遂に手ばなした。今度は博物だ。之は命にかけてもはなすまいぞ。
○自然科学を本尊にいたゞいたつて、治まりそうにもない。（略）矢張り仏教にでものさばり附くか。（略）俺の心が俺を苦るしめるとは……一体心は誰のものじや。俺には解らぬわ。解らんでも持たして置く言ふのだから神もどうかしている。

前年末に太平洋戦争がはじまり、いよいよ目前にせまったかにみえる死に「俺」はどう対処すればいいのだろう。

水木にとって、というよりも、戦没学生をふくむ同世代の青年のおおくにとって、この問いへの解答をえるためにとりえたほとんど唯一の行為が、がむしゃらに本（とくに古典）を読むことでした。水木日記でも、仏典や新約聖書はもとより、ゲーテ、シェークスピア、カント、ヘーゲル、ニーチェなど、かずおおい古典への言及がなされています。しかしそれにしても戦没学生たちのような高学歴者ではない水木は、どこでこれらの本を知ったのかしらん。

荒俣宏によると、やはり河合栄治郎編の『学生と読書』の影響が大きかったようです。とりわけ同書の巻末におかれた「必読書目」リストが直接の手がかりになった。じっさい水木の自伝『ねぼけ人生』にも、この本で知ったエッカーマンの『ゲーテとの対話』が好きになり、「軍隊に入る時も、岩波文庫で上中下三冊を雑囊に入れて南方まで持っていった」という一行がみつかる。その箇所を引いた上で、荒俣は「戦争中にもかかわらず」このリストを頼りに「底辺の」青年たちのあいだで「読書熱」が燃えあがったという。かれらは読書によって「戦争にどのように対処すべきか」を考え、その悩みをいっそう深くした。ほかならぬ水木もそのひとりだったというのですね。

そして、この教養主義的読書のおしえが敗戦後も若い人びとのあいだで継承されていった。一例をあげると、戦後まもないころの話として、「細い手で小さな盃に酒を注いでくれる若い女がジッドの『狭き門』の話をするような酒場は、ヨーロッパのどこにもない」——そんな意味のことを、フランス人ジャーナリスト、ロベール・ギランが『アジア特電』という本で書いているらしい。そう加藤周一が『夕陽妄語』にしるしています。

アンドレ・ジッドの『狭き門』は、教養主義系の現代フランス文学という点では、ロマン・ロランの『ジャン・クリストフ』とならぶ人気作品でした。なかでも一九三六年にでた岩波文庫版は戦時中にもかかわらず、大量に売れたのだとか。したがって、もしもこの「若い女」の話が事実だとすれば、彼女が読んでいたのも、おそらくその岩波文庫版だったのだろうという推測がつく。

その岩波書店が、敗戦から二年たった一九四七年の夏に『西田幾多郎全集』全十九巻の刊行を開始すると、発売前夜から同書店のまえに徹夜の長い行列ができた。この出版史上に名高いエピソードは、当時の人びとの新しい本への飢餓感がいかに深かったかと同時に、かれらのうちで、西田をもその一員とする大正教養主義の記憶が、大戦をへて、そのまま生きつづけていたことを如実に示している。これはとうぜんでしょう。なにしろかれらのおおくは水木や戦没学生たちの同世代人だったのですから。

復　活

このようにして、いちどは地獄の底をのぞいた日本の出版界も、その後、予想をはるかにこえる速度で復活してゆきます。本も雑誌も、だしさえすればなんでも売れる。そんな状況下で、出版社数がたちまち四千をこえた。ただし紙不足はなおもつづいていたので、哲学や科学の本からカストリ雑誌まで、そのほとんどは悲惨なまでに粗末なザラ紙をつかわざるをえなかったのですが。

そして思想統制や用紙制限の撤廃もあって、社会状態が落ちつくにつれて出版点数が一気に増え、一九五〇年にはじまる朝鮮戦争の特需がさらにその後押しをした。例によって、この期の出版点数の変化を以下にあげておきます。ただし今回は出版ニュース社の『出版データブック 改訂版』から。一九四五年の発行点数が前掲の略年表とちがうのはそのせいです。

一九四五年（昭和二十年）　　六五八点
一九四六年（昭和二十一年）　三四七〇点

一九四七年（昭和二十二年）　四四九九点
一九四八年（昭和二十三年）　二万六〇六二点
一九四九年（昭和二十四年）　二万〇五二三点
一九五〇年（昭和二十五年）　一万三〇〇九点

このあと出版点数は六〇年代まで一万点台で漸増をつづけ、七一年以降は二万点台で安定、八二年に三万点を越えて、この段階でようやく戦前期のピークにたどりつく。

でもそこに跳ぶのはあとのこととして、話をもういちど五〇年代なかばの出版状況にもどすと、そこに、ある興味ぶかい現象が生じていたことがわかります。つまり、このときの再出発は、どうやら関東大震災後の出版業の資本主義的再編成――あの百万雑誌・円本全集・文庫による出版革命のパターンを、ほとんどそのまま反復するしかたでおこなわれていたようなのです。

そこでまず全集ですが、一九五二年の新潮社の『現代世界文学全集』と角川書店の『昭和文学全集』を皮切りに、『現代日本文学全集』（筑摩書房）、『世界文学全集』『現代文豪名作全集』『大衆文学代表作全集』（すべて河出書房）などが、五〇年代前半にたてつづけに出版される。どれも円本とおなじ予約購読方式。その商法がまたしても当たって、翌五三年には横光利一『旅愁』を第一回配本とする『昭和文学全集』がベストセラーの第一位になり、新潮社の『現代世界文学全集』と河出書房の『現代文豪名作全集』もめでたくトップ10入りをはたした。

そして六〇年代にはいったのちもブームはつづきます。アカデミックな造りの『日本古典文学大系』(岩波書店)や『現代日本文学大系』(筑摩書房)、おもに若者むけの『グリーン版・世界文学全集』(河出書房)などがそれ。——だがそれにしても、なぜこの時期に全集がこれほど売れたのか。おそらくそこには「空襲で焼失した大量の本を補塡する」という動機がはたらいていたのだろうと、のちに斎藤美奈子が「日本文学全集とその時代」という文章でのべています。

この推察はたぶん正しい。現に私がそだった家庭でも、空襲からはのがれたものの、せっかくの蔵書を戦後のタケノコ生活で古本屋に売り払って、本棚に本らしい本がほとんどのこっていない。そこで中学生だった私が親にせがんで『昭和文学全集』を予約してもらった。つまりはそういうこと。昭和初年代の円本ブームには大震災によって「焼失した大量の本を補塡する」という一面があった。それと同様のことが総力戦の焼け跡で繰りかえされたのです。

そしておなじ時期に、新潮文庫(第二次)、角川文庫、国民文庫、アテネ文庫、現代教養文庫などの七十種をこえる文庫が創刊され、すこしおくれて光文社のカッパブックス、角川新書、河出新書、三一新書など九十種以上の新書があわただしく発足する。これも昭和初年代とおなじ。

ただし岩波新書にはじまる従来型の新書はおもに知識層相手でしたが、カッパブックスだけが読者対象を思いきって一般大衆まで広げてみせた。権威のある著者にすべてをゆだねるのではなく、出版社側が売れ筋のテーマを積極的に設定し、それにふさわしい著者に発注して本をつくってゆく。この手法によって、坂本藤良『経営学入門』、岡本太郎『今日の芸術』、南博『記憶術』、林髞《たかし》『頭のよくなる本』、岩田一男『英語に強くなる本』、黄小娥《こうしょうが》『易入門』、占部《うらべ》都美《くによし》『危ない会社』など、はでなカラー表紙のベストセラーを連発する。いまふうの新書の原点といっていいでしょう。

では百万雑誌はどうか。かつては月刊誌の『キング』でしたが、一九五〇年代にそれに相当するのが週刊誌ブームです。

一九二二年、関東大震災の前年に『週刊朝日』と『サンデー毎日』が創刊されて以来、週刊誌は慣習的に新聞社のものとされていた。その『週刊朝日』の発行部数が一九五四年に百万部を突破する。吉川英治の『新・平家物語』から獅子文六の『大番』へとつづく連載小説の力や、徳川夢声の連載対談「問答有用」の人気もあった。しかし本書のテーマである〈読書〉とのかかわりでいうと、一九五一年にはじまった「週刊図書館」という書評欄の魅力も負けず劣らず大きかった。それは後年、丸谷才一が「わたしの見方では日本の書評はこのときからはじまる。これ以前は前史とも呼ぶべき段階であつた」と断じたとおり。

「かういふ企画を立てて然るべき書評委員(普通の読者が楽しんで読める高度な書評を書く知識人)を人選した編集長、扇谷正造はじつに偉かつたと思ふ」(「書評と『週刊朝日』」)

『週刊朝日』の読者層からみて、ここで丸谷のいう「普通の読者」とは、戦争が終わって、ようやくよみがえりつつあった高学歴の男性サラリーマンに代表される知的中間層をさすものと思われます。かれらの本えらびの役に立つ、しかもそれ自体としても楽しめる「書評」というジャンルが、ようやくこの国に根づきはじめた。そういう説ですね。

扇谷がえらんだという書評委員は臼井吉見、浦松佐美太郎、河盛好蔵、坂本志保の四人で、やがて中野好夫がそこに加わります。ときには新刊書の評判が書評欄のそとにでてトップ記事になることもあり、そちらの反響もことのほか大きかった。一九五六年に三一新書で刊行がはじまった五味川純平『人間の條件』の場合がそうですね。いきおいのある週刊誌が大々的にとりあげたおかげで、この全六巻の大作が記録破りのベストセラーになった。

そしておなじ時期、じつは週刊誌の世界では、もうひとつの画期的なできごとがすすんでいました。それまで新聞社が占有していたこの領域に出版社が割りこんできたのです。一九五六年創刊の『週刊新潮』（新潮社）を先頭に、『週刊女性』（主婦と生活社）、『女性自身』（光文社）、『週刊現代』（講談社）、『週刊アサヒ芸能』（徳間書店）、『週刊文春』（文藝春秋）などの新タイプの週刊誌が群をなして登場した。すなわち「出版社系週刊誌」の出現です。

出版社系というだけあって、そこでは従来の常識からはずれた多彩な企画が大胆にこころみられた。いろいろありますが、先発の『週刊新潮』でいうと、たとえば創刊時に五味康祐『柳生武芸帳』、すこしおくれて柴田錬三郎『眠狂四郎無頼控』というふたつの時代小説を並べて掲載してみせたことなど。五味も柴田もしばらくまえに登場したばかりのクセのつよい作家です。そのとんがったふたりに老舗出版社がはじめて刊行する週刊誌の看板連載をゆだねた。同誌の黒幕編集長、斎藤十一の独断といわれる。それにしても、たいへんな度胸ですよ。

そのころ私は高校生でしたが、カミュやヘミングウェイに熱中するかたわら、近所の貸本屋にあった時代小説を片っ端から読んでいた。でもほとんどが白井喬二、吉川英治、山手樹一郎、角田喜久雄、野村胡堂といった戦前からの既成作家の作品だったので、このふたりが生みだした剣士たちのニヒルな風貌やとっぴな太刀さばきに、ふうん、こんな時代小説もあるのか、というおどろきをおぼえた。なによりも文章が新しい。いやおうなしに講談臭をひきずった戦前派の時代小説に対して、それらとは一線を画す現代的な感覚があったのです。

現代的といえば、学生作家石原慎太郎の『太陽の季節』が芥川賞をうけて侃々諤々の大騒動をひきおこしたのも、おなじ一九五六年のことでした。そしてその二年後、一九五八年には、地味な芥川賞作家だった松本清張が『点と線』の大ヒットによって、たちまち怪物的なベストセラー作家に変貌する。江戸川乱歩や横溝正史にはじまる戦前型探偵小説の怪奇趣味とは別種の、戦後社会のザラザラした地肌に密着した、いわゆる「社会派ミステリー」の誕生。ようするに、この時期に大きくさま変わりしたのは、なにも時代小説だけではなかったのです。

つけくわえていうと、柴田錬三郎は直木賞だが、慎太郎や清張はもちろん、もとはといえば五味康祐も純文学系の芥川賞作家です。しかし、うけた賞のちがいをこえて、その四人ともがすぐに大衆規模の読者をもつ流行作家になった。それまで劃然としていた純文学と大衆文学との区分がしだいに薄れてゆく。その気配とでもいったものがあたりになんとなくただよいはじめた。

そして週刊誌ブームや『太陽の季節』騒ぎの一九五六年は、同時に、「もはや戦後ではない」と経済白書が宣言してみせたような区切りの年でもあった。

一九五〇年にはじまった朝鮮戦争というカンフル注射で日本経済がどん底からよみがえり、

人びとの暮らしにも多少の余裕が生じてくる。「神武景気」です。扇谷の『週刊朝日』が百万部越えしたのも、そうした変化のなかでのできごとでした。しかも週刊誌にかぎらず、池島信平編集長の『文藝春秋』、扇谷と池島の親しい友人だった花森安治が大橋鎮子とともに創刊した『暮しの手帖』、かつて大政翼賛会宣伝部で花森の同僚だった岩堀喜之助と清水達夫が創設した平凡出版(現、マガジンハウス)の若者むけ芸能誌『平凡』などの一般誌も、つぎつぎに百万部を越えていった。

——と、こんなふうに並べてみただけでも、敗戦から十年がたった五〇年代後半が、日本の出版界にとって、いかにめざましい再生の時だったかがわかるでしょう。

関東大震災後にはじまった本の徹底的な商品化、出版の資本主義的産業化のいきおいが戦時体制によって断ち切られる。そのさいに人びとが味わった「いいようのないわびしさ」(池島)の体験が、物質的にも精神的にもきわめて深いものだったので、そのぶん、いちど切断された糸を戦後につなぎなおす作業も、はげしい爆発力をおびることになった。その意味では、さきに私は一時代まえの出版革命の「反復」と書きましたが、それはたんにおなじことの単調な繰りかえしではなかった。そこには、かつては存在しなかった新しい力が大量に埋めこまれていたのです。

二十世紀読書まっさかり

しかも大衆文学にかぎらず、この時期、いわゆる純文学の領域でも、おなじように爆発的な変化が生じていました。

戦争が終わった直後こそ、永井荷風、志賀直哉、谷崎潤一郎、小林秀雄、中野重治、高見順、太宰治、石川淳、坂口安吾といった戦前からの作家たちが中心をしめていたが、ほどなく『近代文学』『黄蜂』『三田文学』などの非商業的なリトルマガジンを舞台に、まったくの無名かそれに近い若い作家があいついで出現してくる。三島由紀夫、大岡昇平、野間宏、武田泰淳、梅崎春生、埴谷雄高、椎名麟三、安部公房、中村真一郎、福永武彦といった人びとですね。

ややおくれて、島尾敏雄、長谷川四郎、井上光晴、安岡章太郎、庄野潤三、阿川弘之、吉行淳之介、遠藤周作などの人びとがそれにつづく。おおまかにいって、どちらも敗戦時に二十代から三十代の、いわゆる「戦中派」の作家たち。すこし若いが、有吉佐和子や曾野綾子や瀬戸内晴美(のち寂聴)などのタフな女性作家たちもそう。

そして一九五六年の石原慎太郎につづき、翌五七年には、やはりまだ二十代だった開高健が

「巨人と玩具」、大江健三郎が「死者の奢り」でデビューし、かれら「純粋戦後派」の登場によって芥川賞という業界内イベントが、とつぜんマスコミの注目をあつめるようになった。私が大学文学部に入学したのがその一九五七年。年齢が近いせいもあって、かれら、とくに大江の登場はショックでした。新しい文学の時代がはじまったというつよい印象をうけたのです。

ただし、そのころ私をふくめての学生や若い知識人が読んでいたのは、かならずしも小説だけではなかった。むしろ広い意味での評論のほうを、より熱心に読んでいた気がします。念のためにしるしておくと、この年の四年制大学への進学率は（文部省統計要覧によると）男女あわせて九％。それがいまは五〇％をこえる。私大生だった私の場合、そんな意識はほとんどないにひとしかったが、客観的に見れば、当時の大学生は依然として知的エリート層の予備軍といったあたりに位置していたのです。

ただし、この時期になると、さすがの教養主義的読書も、そろそろ遠いものと感じられるようになっていました。かといって、じぶんで納得できる生き方をもとめる気持までが消えたわけではない。むしろその反対。――では、どうするか。革命への参加？

もちろんそういう者もすくなからずいた。しかし、すでに私の高校時代、一九五六年二月にソ連でスターリン批判がはじまり、同年十月には衝撃的なハンガリー事件（東欧における最初の反ソ民衆蜂起とその弾圧)が起きていましたからね。となれば、そうそう簡単にソ連型の共産主義や革命運動に未来を託すわけにはゆかない。

だとしたら、米ソ冷戦が激化する世界でほかにどんな生き方がありうるのか。また、どういう社会に私は生きたいのか。その手がかりをもとめて、おおくの人びとの関心が社会性のつよい評論にむかった。そういう時代です。そして、こうした期待に応えるかのように、たんなる大学知識人ではない、つよい個性をもった独立的な評論家たちの活動がめだつようになった。五〇年代後半から六〇年代初頭にかけての、これらの人びとの著作を以下に年度順に列挙しておきます。

——福田恆存『平和論にたいする疑問』(一九五五)、加藤周一『雑種文化』(五六)、花田清輝『乱世をいかに生きるか』(五七)、江藤淳『奴隷の思想を排す』(五八)、谷川雁『原点が存在する』(五八)、吉本隆明『芸術的抵抗と挫折』(五九)、鶴見俊輔『折衷主義の立場』(六一)、竹内好『不服従の遺産』(六一)、鶴見・藤田省三ほか『共同研究 転向』(五九〜六二)などなど。

純度の高い大学人だった『現代政治の思想と行動』(五六)の丸山真男もふくめて、当時、これらの人びとの活動をおもにささえたのが、戦後創刊の『世界』(吉野源三郎編集・岩波書店)や『展望』(臼井吉見編集・筑摩書房)をはじめとする、『改造』『中央公論』『文藝春秋』などの総合雑誌です。しかもそれがたいへんよく売れた。小説や軽めの新書などによって出版の消費産業化がすすんだ時代は、同時に、こうした硬派の批評や評論の時代でもあったのです。

そして注目すべきできごとがもうひとつ。この期になって欧米の新刊本の輸入や翻訳がようやく再開されたこと。再開というのは、太平洋戦争下の四年間、ドイツやイタリアなどの同盟国以外からの本や映画やレコードの輸入が禁止され、この国が事実上の文化的鎖国状態におかれていたからです。そんななかで、ひそかに入手した英語やフランス語の古本をしぶとく読みつづけていた少数の人たちのひとりに植草甚一がいます。当時、東宝系の新宿文化劇場の支配人だったかれの一九四五年二月二十八日の日記から。

今夜は敵キの来襲がないらしい。(略)毎日の仕事の疲れが抜けていない。両肩に疲れが残っている。ピエエル・マロアの小説 Rowena を面白く読んでいる。明日中によみ終るだろう。フィリップ・スウポオを思い出す。スウポオはどうしてしまったのかしらん。とっくの昔に死んでしまったのかしらん、

フィリップ・スーポーは植草と同年輩のシュルレアリスムの詩人。そして植草は、第一次大

戦後のヨーロッパにおこった前衛芸術運動の影響下で青春期をおくった世代に属していた。それだけに、ナチス・ドイツに席巻されたかの地での、同世代の芸術家たちの運命に切実な関心をもたざるをえなかったのです。

そして戦争が終わる。でも鎖国状態までが終わったわけではない。そこにGHQの検閲が待っていた。GHQとは日本占領の中枢だった「連合国軍総司令部」の略称——といったところで、実質的にはアメリカ合衆国の一出先機関にすぎませんでしたからね。自国の本（ただし思想的にあぶないものはのぞいて）の翻訳を積極的に奨励する一方で、英仏ソなどの連合諸国で出版されたものでも、勝利をひとりじめした米軍の占領方針にそわない本の輸入や翻訳は、あの手この手で制限されてしまった。

それでも、サンフランシスコ平和条約による占領終結（一九五二年）が近づくにつれて、この種の制限も徐々に緩和されてゆきます。

そうした自由化の過程で、一九五〇年に、フランスの哲学者ジャン＝ポール・サルトルの『分別ざかり』（『自由への道』第一部）とアルベール・カミュの『ペスト』というふたつの長編小説が、つづいて前者の『嘔吐』『実存主義とは何か』、後者の『異邦人』『反抗的人間』などの小説や評論がたてつづけに刊行され、戦後の日本に「実存主義ブーム」が巻きおこる。新しい時代の混乱にどう対処し、そこでどう生きてゆくか。そんな切迫した問いがこのブームをささえていたのはたしかでしょう。でも、日本の読書人が戦時と占領期を合わせて十年をこえる文化的鎖国状態から解放され、ようやく同時代の世界とのつながりを再獲得した、そのこと自体があたえた感動、よろこびの表明という面も、それと同等か、もしかしたらそれ以上に大きかったんじゃないかな。

そしてもうひとつ、こちらは主としてアメリカで出版された本にかかわる企画ですが、おなじ時期に、それまで演劇書中心の小出版社だった早川書房が、「ハヤカワ・ポケット・ミステリー」というシリーズの刊行を開始しています。ミッキー・スピレーンの軽ハードボイルド小説『大いなる殺人』を皮切りに、ダシール・ハメット『血の収穫』、コーネル・ウールリッチ『黒衣の花嫁』、アイラ・レヴィン『死の接吻』、アガサ・クリスティー『ホロー館の殺人』、ジョセフィン・テイ『時の娘』、E・S・ガードナー『奇妙な花嫁』、ディクスン・カー『死人を起す』といった名篇や最新作をたてつづけに刊行してみせたのです。

ただし当時は翻訳ミステリー自体がまだ少数のマニアのものだったし、アメリカのペーパーバックを模した新書判(天地と小口が黄色く塗られていた)に、勝呂忠の抽象画を組み合わせた先鋭的な造本のせいもあって、どちらかといえば都市インテリ向けの企画とみなされ、なかなか思ったようには売れなかったらしい。しかし翻訳ミステリーへの抵抗感が薄れるにつれて安定し、いまや二千点にちかいマンモス・シリーズに成長していることは、ご存じのとおり。

——と、このようにしてどん底からの復活をとげ、それから六〇年代をへて八〇年代なかばにいたる四半世紀こそが、いまにして思うと、どうやら〈読書の黄金時代〉としての二十世紀のまっさかりということになるらしい。ただし、繰りかえしていうと「いまにして思うと」ですよ。当時の私(すでに編集の仕事をはじめていました)には、じぶんがそんな特別な時代に生きているといった意識など、これっぽっちもなかった。

それに本がモーレツに売れた時代というわけでもなかったですしね。たしかに敗戦直後にくらべれば順調に増えてはいたが、前述したごとく、年間出版点数はまだ一万点から二万点台どまり。それが戦前のピークを追い越すのは、ようやく八〇年代にはいってのちのことなのですから。

したがって、ここでいう「まっさかり」とは、ビジネスとしての出版が頂点にのぼりつめたという意味ではありません。そうではなく、〈かたい本〉と〈やわらかい本〉とを問わず、「本を読むのはいいことなのだ」もしくは「かっこういいことなのだ」とする考え方が社会に浸透し、その結果、読書が広範な人びとの安定した生活習慣とされ、そこから、それまでとはちがう本の読み方、本とのつきあい方が生まれてきた、そんな時代というほどの意味です。

そしてさらにいうと、この〈黄金時代〉の底のほうで、いつしか、それを崩し、それを終わらせる要因がじわじわとはぐくまれていた。あれから長い時間がたち、二十一世紀になった現在からふりかえると、そういうこともわかってきます。

8　活字ばなれ

マンガを読む大学生

五〇年代後半から八〇年代はじめにかけて〈読書の黄金時代〉が頂点をきわめる一方で、皮肉なことに本がもつ力への無条件の信頼が底揺れしはじめる。そんな時期（一九七七年）に、朝日新聞のアメリカ特派員だった松山幸雄がある雑誌によせた随筆の要約を、『週刊新潮』の「ダイジェスト」というコラムから引いておきます。

米国から日本に帰ってきて、いちばん驚いたのは、電車の中で大学生やサラリーマンが、恥ずかしげもなくマンガを読んでいることだった。

私はかねがね、一国の文化を支え、向上させていくのは、よい意味での虚栄心ではないかと思っている。昔は、内心では大衆読物にひかれている年齢の時に、ドストエフスキーやパスカルを読んでいくうちに、ほんとにのめりこんでいく、というケースが多かった。

今の日本では、この〝背伸び〟というのをせず、本能のままに口あたりのよいマンガを読みふける。やすきに流れているのだ。（略）〝教養〟にまで、汗水流す気にならないのだ。


松山幸雄は一九三〇年生まれ。戦後、東京大学法学部をでて朝日新聞アメリカ総局長をつとめたジャーナリストで、大正教養主義の流れにまっすぐ立つエリート知識人だった。まっすぐというのは、成長につれて〈やわらかい本〉から〈かたい本〉へ、かれのいう「大衆読物」から「ドストエフスキーやパスカル」へと上昇してゆく〈読書の階段〉の存在を、さしたる疑いもなく信じることができたというほどの意味です。

ところが、その不動だったはずの階段に揺れが生じ、「虚栄心」であれなんであれ、むずかしい本を「背伸び」して読むことで均衡のとれた知性を身につけ、みずからを内側から高めてゆくという旧制高校的な読書の気風がむざんに失われようとしている。松山にはそれが容認しがたい事態と感じられたのですね。だからこそかれは人前でマンガに熱中して恥じない大学生たちの態度にあれほどはげしく苛立つことになったのだろう。

　ただし松山はアメリカにいて知らなかったようですが、それよりもかなり早く、すでに六〇年代後半には、団塊世代の学生たちが『少年マガジン』『少年サンデー』『少年ジャンプ』『ガロ』などのマンガ雑誌をさかんに読むようになっていました。作品でいえば、白土三平『カムイ伝』、赤塚不二夫『天才バカボン』、高森朝雄・ちばてつや『あしたのジョー』、梶原一騎・川崎のぼる『巨人の星』、つげ義春『ねじ式』など——。

　そこで思いだすのが、これと同時期に、アメリカ西海岸のヒッピー運動から生まれた『全地球カタログ』や、中国文化大革命の赤い聖書ともいうべき『毛沢東語録』などの、ひとしく「書物主義に反対する」ととなえる異形の「書物」がいくつか出現していたことです。あの時代ふうにいえば、本による知の権威主義的支配に異議をとなえる本。当時はまったく気づかなかったが、いまにして思えば、大学生がマンガを読みはじめたのは、そうした感じ方や考え方が世界の各地で、それぞれに独特のしかたでひろまっていた時代でもあったのです。

　そういえば、寺山修司の『書を捨てよ、町へ出よう』が若者たちの人気をあつめたのも、おなじ六〇年代の終わりごろでした。ようはカウンターカルチャー（対抗文化）やサブカルチャー（周辺文化）発見の時代です。ただし「書物主義に反対」という主張そのものについていえば、戦後の日本で、かならずしもこのときが最初だったわけではない。たとえば京大人文研（京都大学人文科学研究所）の所長だったフランス文学者の桑原武夫――早くもかれは一九五五年に「読書はコミュニケーションの有力な、しかし一つの形式にすぎず、人間形成にはそれのみでは不十分」といっていました。

人間を知るのに読書だけに頼ってはならぬ、ということは、今日ではもう一つの別の注意を必要とするだろう。それはコミュニケーション手段として、写真、映画、ラジオ、テレビジョンなどが次第に有力となってきて、本のもつ社会的な影響力が十九世紀より相対的に減ってきつつあるという事実である。（略）いずれにせよ、本を読まぬようなヤツはバカだ、などと簡単なことはいえまい。ともかく本の普及はそろそろピークをすぎたのではないかと見られる。ソ連ではふえているようだが、フランスでは明らかに下り坂である。

（「読書」）

そして桑原はつづけてこういう。

毎日新聞の読書世論調査（一九五一年）によれば、本を読んでいると答えた者は一九・二％。したがって「日本の民衆の八〇パーセント以上は本を読んでいない」ことになる。その事実を忘れてしまうと、この文章の読者諸君も「本で覚えこんだ言葉を平気または得意で使う」だけの別種の「バカ」になってしまうぞ――。

ここで桑原が具体例としてあげているのは大衆集会での教条主義的な左翼指導者たちのふるまいですが、たんにそれにとどまらず、この発言の裏には登山や多様なフィールドワークの経験がはぐくんだ桑原式の「書物主義に反対する」がしっかり貼りついていた。つまりこれは「読書だけに頼って経験をおろそかに」しがちな教養主義的読書法がもつ偏りへの、あからさまな違和感（ないしは自己批評）の表明でもあったのです。

そして興味ぶかいことに、桑原はここで「本の普及はそろそろピークをすぎたのではないか」という危機感をも、あわせて表明しています。しかも当時、こうした危機感をいだくようになっていたのは、桑原のような日本の知識人だけではなかった。その点では、本のもつ力が「明らかに下り坂」にさしかかったとかれのいうフランスでもおなじ。たとえばリュシアン・フェーヴルとアンリ＝ジャン・マルタンの『書物の出現』というヨーロッパ出版史の記念碑的な大著が一九五八年に刊行された。その序文で、アナール派の長老歴史家フェーヴルがこんなふうにしるしている。

〔グーテンベルクの活版印刷術の発明によって〕西洋社会のただ中に出現した「書物」は、一五世紀中葉から普及し始め、二〇世紀中葉の現在では、全く異なる原理にもとづく数々の発明によって脅かされ、今後も永らくその役割を演じ続けられるかどうかが危ぶまれている。

ここでいわれている「全く異なる原理にもとづく数々の発明」とは、もちろんまだパソコンやインターネットではなく、桑原がいう「写真、映画、ラジオ、テレビジョン」などをさします。

ただし〈読書の黄金時代〉としての二十世紀は同時に、これらの視聴覚メディアが普及し、めざましく成熟してゆく時代でもありましたからね。われわれの愛する本〈つまり本の最高形態としての現行の活字本〉は、遠からずこれらの新メディア、なかんずく映画によって追いぬかれてしまうのではないか。そうした不安はじつはそれ以前、二十世紀の前半からじわじわと醸成されていたのです。そして世紀も後半にはいると、テレビの登場もあって、この種の危機感がいちだんと深まっていった。

——いま私たちが手にしている本は、おそらくこの先も新旧諸メディアの中核でありつづけるだろうが、でもひょっとするとこれは私たちの希望的観測にすぎず、じっさいには、気が遠くなるほど長いメディアの歴史のホンの一時期を支配しているにすぎないのかもしれない。

こうした認識を、『映画的思考』の花田清輝や『人間拡張の原理』のマーシャル・マクルーハンなどの前衛的な文学者や思想家ばかりでなく、文化的には保守派といってもいい桑原武夫やリュシアン・フェーヴルまでが分かち持つようになっていた。早くもそういう時代がはじまっていたのです。しかも日本だけでなく世界的なひろがりをもって。

桑原所長時代の京大人文研は何人かの独創的な思想家を輩出した。そのひとりが鶴見俊輔です。『三国志』や『大菩薩峠』への桑原の愛着と敬意をひきつぎ、鶴見も小学生のころ熱中して読んだ宮尾しげをの『団子串助漫遊記』にはじまり、長谷川町子『サザエさん』、水木しげる『悪魔くん』、山上たつひこ『がきデカ』、小林よしのり『東大一直線』、岩明均『寄生獣』などのマンガによって、みずからの思想をつむいでいった。現代マンガとともに生きた最初の哲学者といってもいいでしょう。

そしてもうひとり、鶴見とおなじく人文研の助教授だった梅棹忠夫がいます。

かれもまた「読書だけでなく経験を」という桑原の姿勢をいっそう押しすすめ、一九六九年に岩波新書からでた『知的生産の技術』では、読んだり考えたり書いたりの知的作業のモデルを、知識人の書斎の秘儀としてのそれから、かなもじタイプやフィールドノートや京大カードなどの小さな道具を駆使した実務家（フィールドワーカー）の実践技術に転換してみせた。二十世紀初頭に小学生だった中野重治が教科書に鉛筆でぐいぐい黒い線を引いた。そのさいに少年が味わった解放感ですね。それに似たものを読者は梅棹の本に感じとったのです。おかげでこの本はたちまち大ベストセラーになり、半世紀たった今日も、ビジネス本〈知的生産〉部門の始祖としての権威を保ちつづけている――。

と、こうして見てくると、一九五〇年代から七〇年代にかけて、本がほかの諸メディアにたいしてもつ圧倒的な優位性がいささか疑わしくなると同時に、低級文化《ローカルチュア》と高級文化《ハイカルチュア》を区分けする線がぼやけだしていたことがわかります。こうなれば、子どもや大衆の読書をドストエフスキーやパスカルを読むことのはるか下位におく――そう頭からきめつけて疑わない教養主義的な〈本の階段〉の秩序も徐々に崩れてゆくしかない。そんな時代に大学生が少年むけのマンガ雑誌を愛読しはじめたのも、当然といえば当然のなりゆきだったのです。

売れる本がいい本だ

ただしマンガを読む大学生の出現には、もうひとつ別の背景があった。六〇年代の高度経済成長によってこの国の消費社会化が一気にすすんだことです。

その生まれたての新しい社会に、買いもの好きの若者たちの大群が戦後はじめて、そのすがたを街頭にあらわした。それが団塊世代です。マンガ雑誌であれなんであれ、かれらはすでに新刊の本を読み捨ての消費財としてあつかう習性を身につけはじめていた。すくなくともそれ以前に若者だった人間の目にはそう映った。そりゃそうでしょう。かれらより十歳ほど年長の私がなんとか自信をもって買えたのは、せいぜい古本と電車の切符ぐらいのものだったのですから。

それまで本の市場には魅力的な新刊本がきわめて乏しかった。あっても決まりきった本しかない。それでもこの時期になると、硬軟ひっくるめて、刊行される本のなかみや形態がようやく多様化のきざしをみせ、戦争に強いられた飢えゆえの本への熱い思いが変容しはじめる。そうした時期の出版界に生じた象徴的なできごとを以下にふたつあげておきます。

まずは〈雑誌〉――マガジンハウス社による雑誌メディアの革新――具体的にいうと、一九六四年創刊の『平凡パンチ』にはじまり、『an・an』(七〇)、『ポパイ』(七六)、『クロワッサン』(七七)、『ブルータス』(八〇)、『Olive』(八二)と、センスのいい大型ビジュアル誌が同社からたてつづけに創刊されたこと。

とくに注目すべきは、これらの雑誌にテレビや新聞とならぶ商品広告の強力な媒体という新しい役割がになわされていたことです。大量の広告を安定的に獲得すべく、それぞれの商品に適合した読者層を市場調査によってしぼりこみ、まっすぐそこにむけて雑誌をつくる。すかさず他社もこの新手法を採用したため、七〇年代なかばには、カラフルな広告を満載した大型ビジュアル誌が書店のめだった場所を占め、それにつれて旧来の総合誌や文芸誌などの活字中心の雑誌の存在感がしだいに薄れていった。こうしてこの国の雑誌の基本イメージ――「雑誌とはこういうものなのだ」という社会的通念が、わずか十年ほどであえなくひっくりかえされてしまった。

そして、これにいくらかおくれて角川書店による〈文庫〉の思いきった大衆化が敢行されます。

かつては岩波文庫タイプの地味なつくりだった角川文庫が、七〇年代後半、横溝正史『犬神家の一族』や森村誠一『人間の証明』の刊行を皮切りに、その路線を古典や純文学から大衆文学に切りかえ、新たに設立した角川映画による映画化を連動させるメディアミックス戦略(「読んでから見るか、見てから読むか」)の成功もあって、同時期に参入した講談社文庫、中公文庫、文春文庫、集英社文庫をふくむ日本の文庫の大半が、おなじ道をたどることになった。すなわち古典に代表される〈かたい本〉をはこぶ車としての文庫が、大衆文学やライトエッセイなどの〈やわらかい本〉をのせた、より軽くて、はなやかな車に仕立てなおされたのです。

古典を中心とする〈かたい〉文庫では一冊の本を長い時間をかけて売る。つまり本の生命は長かった。対するに〈やわらかい〉文庫では、大量の本を短期間で売りつくす。したがって短命。もちろん雑誌の生命はさらに短い。一週間か、せいぜい一か月。——文庫にせよ雑誌にせよ、そのような短命な商品が売り場の中心をしめるようになり、いつしか読者は、あわただしく提供されるこれらの商品の（読者というよりは）消費者としての面をつよめられていった。

そして、ひとつにはこれらのできごとの結果として、七〇年代も終わりにちかい一九七九年に雑誌の年間売上高が戦後はじめて書籍のそれを上まわります。そこから「雑高書低」という新語が生まれ、ほどなく雑誌が七で書籍が三という雑誌優位の比率に落ちつく。このあたりで関東大震災後に本格的にスタートした出版の資本主義産業化は、その新しい段階に足を踏み入れたといっていいでしょう。

そしてこの種の変化のつねとして、いったんはじまると加速度がつき、とことんまで行ってしまう。そのことを如実にしめしているのが出版点数のおそるべき急増ぶりです。六五八点からはじまった戦後の年間出版点数は、その後ゆっくりと増えつづけ、一九七一年に二万点を越える。そこまではすでにのべたとおり。そして十一年後——

一九八二年(昭和五十七年)　三万点越え(以下同じ)
一九九〇年(平成二年)　四万点
一九九四年(平成六年)　五万点
一九九六年(平成八年)　六万点
二〇〇一年(平成十三年)　七万点
二〇一〇年(平成二十二年)　八万点(あとは八万点前後がつづく)

こう見ればおわかりのとおり、年間二万の出版点数が三万点になるのに十一年かかった。その間隔が八年、四年、二年と、つんのめるような速度で短縮され、それとともに本の生命がどんどん短くなって、九〇年代なかばには〈すぐ大量に売れる本がいい本、そうでない本は悪い本〉という暗黙の業界基準が定着してしまう。

では、これは日本の出版界だけに生じた局地的な変化だったのかといえば、そうじゃないんですね。とりあえずの証拠として、活版印刷術発明以降の、おもに欧米での出版点数の変化を一世紀ごとにしめした以下の略年表を一瞥しておいてください。ガブリエル・ザイドというメキシコの詩人ジャーナリストの『So Many Books(本がいっぱい)』という本にでてくる数字から私が作成したものです。

一四五〇年　一〇〇点
一五五〇年　五〇〇〇点
一六五〇年　二三〇〇〇点
一七五〇年　一万一〇〇〇点
一八五〇年　五万点
一九五〇年　二五万点
二〇〇〇年　一〇〇万点

いささか大ざっぱすぎる表ですが、それでも日本にかぎらず、世界的に見ても、二十世紀、とくにその後半がいかに異様な時代であったかという見当ぐらいはつくのではないか。

その異様さをしめす例として、もうひとり、フレデリック・ルヴィロワというフランスの歴史家が『ベストセラーの世界史』という本で、二十世紀の前半と後半を代表するふたつの超ベストセラーを比較しています。ちなみに、ここでいう「ベストセラー」の語は、出版の資本主義産業化以降にめざましい売れ行きを示した本というほどの意味で、十九世紀末のアメリカ合衆国でつかわれはじめ、第一次大戦後にイギリスやフランスにひろがったとのこと。ただし日本ではかなりおくれ、一九四六年に『週刊朝日』誌上にあらわれたのが最初だったようですが。

ともあれこの本によると、二十世紀前半期を代表するベストセラーはマーガレット・ミッチェルの『風と共に去りぬ』で、一九三六年に刊行され、その年のうちに百万部、翌年には百五十万部、十年後には合衆国内だけで三百万部を売っていたらしい。

そして後半期(正確には二十世紀末から今世紀初頭にかけて)の代表が、いわずと知れたJ・K・ローリングの「ハリー・ポッター」シリーズです。一九九七年に第一巻が刊行され、第六巻の『ハリー・ポッターと謎のプリンス』では「世界同時発売」という未曽有の販売方式によって、わずか二十四時間で九百万部を売り上げた。さらに二〇〇七年刊の第七巻でこの記録を大幅に更新してひとまず完結、翌〇八年までに百五十を越える国や地域でシリーズ総計四億部以上を売ったというのですからね。売れ行きのすごさの次元が何段階も上がり、もはや別世界のできごとというしかない。

　もちろん日本も例外ではありません。静山社という無名の小出版社が一九九九年から二〇〇九年にかけて全七巻の翻訳を逐次刊行。第一巻の五百万部以下、総発行部数で二三六〇万部をこえる驚異的な売上げを示し、慢性不況下にあった出版業界を文字どおり一手にささえる超ベストセラーになった。

　作品としての「ハリー・ポッター」についてここでうんぬんすることはしません。その「短い時間で大量の本を世界規模で一気に売りさばく」という販売手法にかぎっていえば、それが、おなじ二十世紀末にはじまったアメリカ式の市場最優先主義のグローバル化、ときに強欲資本主義とも呼ばれる新自由主義経済が生みだした社会の風潮と無縁だったとは思えない。この第二部「読書の黄金時代」の冒頭で、二十世紀読書のかなめは「おなじ本を別の場所にいる見知らぬ他人とともに読む」という読書習慣の平等化にあった、という意味のことをのべました。その平等化への熱意が、一世紀たって、日本のみならず「世界中のみんながいっせいにおなじ本を買って読む」という度をこえた読者の同調志向をまねきよせてしまったのです。

人が本を読まなくなった

しかも興味深いのは、この出版点数の急増が、人びと、とりわけ若い世代の「本ばなれ」の進行と軌を一にして起こったことです。それにしても本を読む人間のかずが減ったというのに、なぜ出版点数がこんなにもあわただしく増えていったのか。いやそのまえに、若者は、いったいいつからこんなに本を読まなくなったのだろう。

じつは、この「本ばなれ」や「活字ばなれ」という語がマスコミや出版界周辺でさかんに使われるようになったのは、あの「雑高書低」ということばが流行したのとおなじ七〇年代の終わりごろなのです。

たとえば出版ニュース社刊の『出版年鑑』一九七八年版をひらくと、巻頭の「出版概況」でさっそく、近年「若者の間で〝本離れ〟が進んでいる」という記述にぶつかる。その前年(七七年)におこなわれた毎日新聞の読書調査によると、いまの大学生の四人にひとりは年に一冊も本を読んでいないらしい。いや学生だけではない、二十代から三十代はじめの人びとのあいだで「読書の習慣が急速に薄らいでいることが明らかになっ」たなどとあって、この調査をみても、テレビ全盛、劇画ばやりの風潮の中で、読み、考えることを忘れた〝映像世代〟が大量に育っていることがわかる。また、本を消耗品と同じようにみる傾向があることも事実である。本は読み捨てでもかまわないとしている人もいるのだから、それでいいという声も聞かれる。

朝日新聞記者の松山幸雄が帰国して、「電車の中で大学生やサラリーマンが、恥ずかしげもなくマンガを読んでいる」光景に愕然とさせられたのも、この読書調査とおなじ一九七七年のことでした。

念のためにいうと、この時期にいう「本ばなれ」の「本」は、基本的には哲学や歴史や宗教などの人文書、古典、純文学、自然科学や社会科学の本といった〈かたい本〉をさし、マンガや劇画や大衆小説などの〈やわらかい本〉はふくまれていない。ところが高度経済成長下での雑誌や文庫の変貌もあって、〈やわらかい本〉の市場が飛躍的に拡大し、それにつれて〈かたい本〉の売れ行きがめだって落ちはじめた。その売れなくなった〈かたい本〉の出版にかかわる人びとの痛切ななげきから生まれたのが、この「本ばなれ」や「活字ばなれ」などの語だったのです。

でもいくらなげいたところで、それによって状況が多少なりとも好転してくれるわけではない。そこで、長いあいだ文庫とならんで岩波書店の出版物の中軸でありつづけてきた新書が、思いきって表紙の色を〈青〉から〈黄〉に変えてみせます。それがやはり一九七七年のこと。このときの転換について、当時の編集者たちが語った座談会の記録が、のちに同新書の別冊としてでた『岩波新書の50年』におさめられている。

青版時代は大学生が全体の読者層の第一位にあるといわれて、われわれもそのことを頭において仕事をすすめてきた。もちろん会社員も読者層のかなりの部分を占めていて、一般社会人向けの企画も毎年たくさん出してきましたが、少なくとも七〇年代初めまではそういうとらえ方をしていた。それが七〇年をすぎたころから、何となく学生の読者がへってきたような、逆にいえば読者層がひろがってきているという実感が編集部でも日常的に感じられるようになった。(略)とにかく一般的にいって生活も多様化してきているし、読者の関心もさまざまに分化してきた。そういう時期に黄版の出発を迎えたわけです。

一九五七年から七三年までの十六年間、東大生協書籍部が「週間ベストテン」のデータを公表していました。それを集計して、出版史家の永嶺重敏がベストテン入りした本のかずを年度順・出版社別にならべてみせた。

それによると開始からの十四年間は一回をのぞいて岩波書店がダントツの第一位。ところがその岩波本のかずが六八年から減りはじめ、最後の一九七二年と三年にはトップの座を新潮社にあけわたしてしまう。しかもこの間にランクインした岩波本の六割近くは新書が占めていたといいますから、現実には「七〇年をすぎたころから、何となく学生の読者がへってきた」（傍点津野）というていどの甘い変化ではなかったのでしょう。

東大生にしてそうなら、もはや大学生一般を〈かたい本〉の安定した読者層として想定するのはむずかしいかもしれない。それにかわる新しい読者層をいそいでかためておく必要がある。そこで浮上してきたのが、さきの座談会でいう「会社員」を中心とする「一般社会人」の存在だったのですね。

そしてその「一般社会人」層に向けて、岡田瑛『テニスを楽しむ』、中山典之『囲碁の世界』、島秀之助『プロ野球審判の眼』などの〈趣味の本〉や、船橋洋一『日米経済摩擦』、宮崎義一『世界経済をどう見るか』、鈴木正俊『経済データの読み方』などの〈経済もの〉など、「こうした企画は、かつてなら編集会議で合意を得るまでに時間がかかっただろうな」(『岩波新書の50年』)というような黄版新書がつぎつぎに刊行されていった。

そして、さらに七〇年代も後半にはいると、文庫や新書以外の一般の単行本の分野でも、さまざまな新現象がめだつようになります。

そのひとつが、みずから「昭和軽薄体」を名のる一群のエッセイストたちの登場でした。『チューサン階級の冒険』(七七)の嵐山光三郎や、『さらば国分寺書店のオババ』(七九)の著者で「昭和軽薄体」の命名者でもあった椎名誠を筆頭に、赤瀬川原平、南伸坊、村松友視、林真理子、橋本治、糸井重里といった新しいタイプの文筆家たちの活躍がはじまる。こちたい思想用語などは最初からつかう気もない。肩の力をぬいて、とことん俗な話しことばで考えて書く。で、そのさいは笑いが不可欠。だから、あえていってしまえば「読むマンガ」ですよ。

そういえば「軽薄短小」ということばもあったな。もともとは公害とオイル・ショック以後の、石油エネルギーに依存する「重厚長大」型の産業からの脱却を意味する新語で、それを出版業にあてはめると、重いではなく軽い、厚いではなく薄い、長いではなく短い、大きいではなく小さい本こそが、いまの時代にはふさわしいという意味になる。半分は冗談ですが、前記のエッセイスト諸氏の本がそうであるように、じっさいにも、大きめの活字でゆるく組んだ薄くて軽いペーパーバック、そうした形態の本がにわかにはやりはじめたのです。

この「昭和軽薄体」の運動(でしょう、やはり)は大学外の書き手によるものでしたが、それに数年おくれて、大学アカデミズムの中枢からあらわれた二十代から三十代の秀才たちの著作活動がすくなからぬ反響をよんだ。いうところの「ニューアカ・ブーム」です。

「重厚長大」を思想の次元に移すとマルクス主義に代表される近代思想になる。その「大きな物語」の関節はずしを旗印に、一九八三年の浅田彰『構造と力』のとつぜんの大ヒットに前後して、栗本慎一郎『パンツをはいたサル』、中沢新一『チベットのモーツァルト』、上野千鶴子『セクシィ・ギャルの大研究』、四方田犬彦『映像の招喚』などの本がたてつづけに刊行され、青土社の『現代思想』や岩波書店の『へるめす』などの新しい雑誌の力とあいまって、主として大学の若手教員が執筆し、それを大学生や大学院生、若い「一般社会人」などの読者が読むという、ひさかたぶりの〈かたい本〉人気がたかまった。

これらの本のタイトルがときにマンガ的だった(栗本や上野など)ことからもわかるように、ニューアカ知識人はマンガを日常的に読むのをとうぜんと考える世代に属していました。そのせいもあってか、かれらは表看板の「現代思想」だけでなく、身近な「昭和軽薄体」が体現する軽さや笑いのセンスにもすばやく対応してみせた。新しい消費文化とも親和性が高く、しばしば最新モードに身をつつんで、テレビや、女性と若者にターゲットをしぼった大型ヴィジュアル誌に平気で登場したりもした。従来の大学知識人の行動スタイルからすれば、とんでもない逸脱です。そして読者もまたその逸脱ぶりに親近感をいだいた。だからこそそのブームだったのだろう。

そして、こうした現象とも関連して注意しておきたいのが、そのしばらくまえから〈読書〉にたいする人びとの態度がゆっくりと変わりはじめていたことです。

変化の理由は重層的ですが、この本の文脈でいえば、高度経済成長期ののち、出版点数がふえるにつれて人びとが大量の本にとりかこまれて暮らすようになったことが大きい。そんななかで、いつしか飢えの時代のきまじめな読書法の力が薄れ、おびただしい量の本といかに気分よくつきあうかという、いわば満腹時代の新しい読書法がもとめられるようになった。〈かたい本〉の領域でいえば、七〇年代にはいって、その導師が『言語にとって美とはなにか』(六五)や『共同幻想論』(六八)の吉本隆明から、『本の神話学』(七一)や『歴史・祝祭・神話』(七四)の山口昌男にかわった。そんな印象があります。

もうすこし〈やわらかい本〉寄りでいうと、『遊び時間』(七六)や『文章読本』(七七)の丸谷才一ですね。そこに開高健や大江健三郎や井上ひさし、さらには『竜馬がゆく』(六六)や『坂の上の雲』(七二)の司馬遼太郎などもふくめて、すべて〈多読〉と〈博識〉の人、大量かつ広範囲の本を楽々と読みこなす能力の持ち主です。そうした人たちが満腹時代の読書人のお手本として新しく浮かびあがってきた。

ただし、この人びとの〈多読〉や〈博識〉の根にはまだ、読みたい本が満足に読めない時代にそだった者の飢えの記憶がからみついていた。あけすけにいってしまえば、かれらの読書欲にはどこかガツガツしたところがあったのです。

ところが、おなじく〈多読〉や〈博識〉といっても、かれらより三十歳ほど若い八〇年代のニューアカ知識人(そのおおくは山口昌男の愛読者でした)には、飢えの記憶など、もはやカケラもなかった。国産の本はもとより、海外の新刊本にも自由にアクセスできる時代がはぐくんだ、あっけらかんとした〈多読〉と〈博識〉です。こうした新時代の若き導師・浅田彰(当時二十六歳)は、かれの『構造と力』を、デリダ、ドゥルーズ、ラカンといった現代思想の最前線に効率よく接したいとねがう若い人びと向けのチャート式ガイドとして書いたという。まァ、そういうことだったのでしょう。

ただし結果としていえば、ニューアカ・ブームによる〈かたい本〉人気はあんがい早く終わってしまいます。その点では〈かたい本〉の復権というよりも、〈かたい本〉が読書の中心にあった時代の終わりを告げる最後のお祭りという感のほうがつよい。そして〈多読〉と〈博識〉の読書法は、その後、八〇年代末のバブル景気のなかで、「知のたのしみ」とか「読書の悦楽」といった快楽系の宣伝コピーに収斂されてゆく。にもかかわらず本を読む人びとのかずは増えなかった。それどころか、いっそう減っていった。〈読書の黄金時代〉としての二十世紀がそろそろ終わりに近づいていたのです。

黄金時代のおわり

一九九六年、それまで右肩上がりで伸びてきた書籍(雑誌以外の本をさす業界用語)の年間実売総金額が一兆〇九三一億円に到達します。ところが翌九七年四月、橋本龍太郎内閣のもとで消費税が三%から五%に引き上げられたのをきっかけに、それがとつぜん下降に転じた。それでも最初のうちは「そのうち元にもどるさ」とあんがい楽観視されていたのです。でも、いっこうにそのきざしが見えないまま、二十一世紀にはいっても右肩下がりの低落がだらだらとつづいてしまった。

しかも売れ行きが落ちたのは書籍だけではなかった。出版科学研究所の『二〇一五年版 出版指標年報』によると、マンガ(冊子版コミックス＋雑誌)の実売総金額のピークは一九九五年で、雑誌(月刊誌＋週刊誌)のそれは一九九七年。そのどちらもが書籍とおなじく翌年から下降に転じています。そののち、マンガは電子化によってやや持ちなおすが、もはやかつてのようないきおいは見られない。雑誌となるとさらにいけません。最大の理由は若い読者の激減。結果として読者の高齢化がすすみ、発行部数や売上高はもとより、七〇年代以降の雑誌出版の柱だった広告収入も急激に減りつづけている。

そして、この果てしない低落傾向がつづくなかで、やがて、いま私たちが直面しているのはマスコミのいう「出版不況の慢性化」などではないらしいことが、だれの目にもはっきりと見えてきます。

私の場合でいえば今世紀のはじめごろ。当時はまだ現役の編集者でしたが、あるときふと、「これはただの不況じゃない。そうではなく、二十世紀にはいって確立された日常の読書習慣をかなめとする私たちの〈本の文化〉と、それをささえるしくみの全体が大崩れしはじめたのだ」という不穏な考えが頭に浮かんだ。その崩壊の音が聞こえたような気がしたのです。

ただし出版点数の狂ったような急上昇に端を発し、この国の出版界でなにかただならぬことが起こっているらしい気配は、漠然とではあれ、それ以前から感じていました。もういちど以下の略年表を見てください。上段はさきにしるした三万点越え以降の出版点数の急増ぶりをしめす数字。そして下段に付したのがその年の新刊本の実売総金額です。

一九八二年(昭和五十七年)	三万点越え	七〇三一億円
一九九〇年(平成二年)	四万点	八四九四億円
一九九四年(平成六年)	五万点	一兆〇三四〇億円
一九九六年(平成八年)	六万点	一兆〇九九六億円
二〇〇一年(平成十三年)	七万点	一兆〇〇三三億円
二〇一〇年(平成二十二年)	八万点	八八三一億円

これを見れば明白なように、九〇年代も半ばすぎまでは出版点数に並行して、実売総金額の伸びがまあまあ無難につづいていたのです。ところが、この表では省略しましたが、六万点越えの翌年(一九九七年)をピーク(一兆一〇六二億円)に、そのさらに翌年から実売総金額が下降に転じ、七万点越えの二〇〇一年をへて、八万点越えの二〇一〇年には二十年まえの数字にまで引きもどされてしまう。ようするに出版点数の増加につれて実売総金額が逆に減少しはじめた

のです。そこにいたる過程を以下にあらためて要約しておくと、

――七〇年代後半の〈かたい本〉にはじまり、本がしだいに売れなくなる。その減った分を埋めようと頼った雑誌やマンガも、九〇年代なかばにはそのいきおいを失い、結局は、なにがなんでも通常の書籍の出版点数を増やすしか手がなくなった。

でも当時の出版界には、ざんねんながら、こうした荒業をあざやかにやってのけるだけの力量が欠けていた。そのため書店の棚に、どれもよく似たタイトルの扇情的な粗製濫造本があふれはじめる。しかしそこまでやっても売上げは一向に増えてくれない。やむなくそれをさらなる点数増によってカバーするという自転車操業式の悪循環におちいり、その過程で「短い時間で大量の本を一気に売りぬく」という販売方式が、いよいよアナーキーに極端化されていった――。

こうして、七十年まえの百万雑誌や円本・文庫ブームで本格的に発足し、壊滅的な戦争をへて五十年まえに再出発した出版の資本主義産業化が、この段階で、市場価値（売れるか売れないか）を最優先し、ほかの諸価値（たとえば公共性）をそのはるか下におくという過激な新自由主義経済に向けて、やみくもに突っ走りはじめてしまったのです。

で、その結果、私たちの本の世界はどう変わったか――。

いろいろありますが、ここでは、たがいに関わりの深い以下のふたつの事例にしぼってのべておくと、まずは既刊本の売れ行きがいちじるしく鈍化したこと。それが第一の事例。逆にいえば、単行本にせよ文庫や新書にせよ、ピカピカの新刊しか売れなくなった。もっというならば、人びとがそういう本しか買いたがらなくなった。

売れない既刊本のなかでも、とくに売れなくなったのが〈かたい本〉です。従来、この種の本（おもに人文書）の出版社は、大小を問わず、その在庫を十年とか二十年という長い時間をかけて売ることで、経営をなりたたせてきた。つまりベストセラー狙いとは正反対のロングセラー商法です。ところが前世紀の終わりごろから、本をつくる側と読む側をひっくるめて、世間に「すぐ大量に売れる本が勝ち、売れるのに時間のかかる本は負け」という気分がひろがり、それにつれて「負け」と目された既刊本の在庫が動かなくなった。そのため従来どおりのロングセラー商法をつづけてゆくことが、きわめて困難になってしまったのです。

そして、これとまったくおなじ時期に、書店と並ぶもうひとつの〈本の文化〉の拠点である図書館にも容易ならぬ異変が生じていた。これが事例の第二。すなわち都道府県立や市町村立の公共図書館の精神的なバックボーンともいうべき近代市民図書館の理念が、にわかにぐらぐらと揺らぎはじめたこと——。

以前、「われらの読書法」の章で、本には「商品としての顔」と同時に、「だれもが自由に利用できる公共的な文化資産としての顔」がある、という意味のことをのべた。わかりやすくいえば、書店ではお金を払って買わなければならない本も、図書館に行けばタダで読める。その二重性ですね。日本では、この二重性が大正期の簡易図書館などで部分的に実現されたのち、戦後、米軍占領下で制定された図書館法によって国の制度として保証された。ようするに私たちの〈二十世紀読書〉の基底には、有料と無料という相反する「ふたつの顔」の共存をゆるす「寛容さ」と「制度的決断」があったことになります。

ところが最近になって、具体的にいうと、今世紀初頭に小泉純一郎内閣が掲げた「聖域なき構造改革」の旗のもとで、経営難になやむ各地の自治体がいっせいに図書館「改革」にはげみはじめた。

新自由主義経済の「自由」は、なによりも「大きな政府」が企業に押しつける規制からの自由を意味します。したがって図書館のような公共事業にはとことん冷たい。

その冷たさが自治体の役人や政治家、はては住民(利用者)の多くにまで共有され、図書館の内外で、いつしか「図書館に企業の経営手法を積極的にとりいれよう。それは文句なしにいいことなのだ」という判断が力をもつようになった。そんな空気のなかで、図書館予算を大幅に切りつめ、専任の図書館員を派遣や契約社員におきかえ、ついには、われわれの社会に図書館があることの意味など本気で考えたこともないような外部企業に運営を丸投げしてしまう――そんな無茶なことまでも平気でやってのけるようになってしまったのです。

そしてこれらの「改革」の一環として、近年、図書館が新たに購入する本に占める〈やわらかい本〉の割合が激増し、その一方で〈かたい本〉のかずがますます減らされている。このことはお気づきでない人のほうが多いと思うので、もっと具体的に書いておくべきだろうと、じつはそう思い立って、さきほど私が住む東京近郊のある市立図書館のウェブサイトをのぞいてみたのですよ。で、そこの「新着資料一覧」のページを一瞥し、「えっ、まさか」と、多少は図書館のことを知っているはずの私までが、びっくり仰天させられた。

そりゃそうでしょう。なにしろ、その新着本リストのアタマにおかれた「総記・哲学・心理・宗教・言語」という分類でいうと、ぜんぶで六十六点あるうちの三十六点が、『神様にお任せで、勝手にお金が流れ込む本』『すごいお清め プレミアム』『幸せな人だけが知っているシンプルな生き方』といった読み捨てのハウツー本だったのですから。それに「地球の歩き方」や「まっぷるマガジン」などの実用書。宗教や語学の入門本が数点ずつ。この分類から予想される〈かたい本〉は、哲学や心理学入門関係の軽めの教養本が何点かあるだけ。もちろん読むのに多少の気力を要する部厚い翻訳本や研究書などはゼロ同然。岩波書店もみすず書房も白水社も藤原書店もなければ、講談社や中央公論新社や筑摩書房の叢書や双書類もない。

おことわりしておくと、もともとここは全国でも有数のすぐれた図書館だったのです。それがちょっと見ない間に、いやはや、ここまですさまじい事態になっていたとは……。

いまはまだ古い本の蓄積があるから辛うじてなりたっています。しかし、このままの方針があと十年もつづけばどうなるか。図書館が図書館としての役割を果たせなくなるだろうことは、あまりにも明白なのです。そうしないための方法はおそらくひとつしかない。図書館の有料化です。これまでこの国が保持してきた、「人びとの読書生活を充実させるべく書店（有料）と図書館（無料）がそれぞれの役割を分担する」というサービス原則を捨て、年会費制にせよ読書データの商業利用にせよ、図書館そのものを金を産むシステムに変えてゆく。そのことを前提に図書館の運営を外部企業の手にゆだねてしまう。かならずそうなるというのではないですよ。しかし、このままほうっておけば、たぶんそこまでいってしまうのではないだろうか。

公共図書館の変質も、いっこうに動かなくなった既刊本も、〈かたい本〉がいま体験しているこうした状況の悲惨さは、そのむかし、この国で〈やわらかい本〉がなめさせられていた苦い思いをただちに連想させます。

かつては〈かたい本〉がケタはずれに大きな権威をもち、マンガや大衆小説や映画やジャズや流行歌やファッションなどをあつかう〈やわらかい本〉は、そのはるかに下にあるものと見なされていた。でも、そうした差別感は六〇年代以降しだいに薄れ、やがて〈かたい本〉中心の新聞書評でも、〈やわらかい本〉が本としての正当な評価をうけるようになった。それやこれやで、ふたつの性質の本をへだてる壁が徐々に崩れ、この国ではじめて、本好きの人びとがその双方を気楽に往来しながら暮らせるような読書環境が、ようやくかたちづくられた。それが六〇年代後半から八〇年代にかけて——。

と思ったら、九〇年代になると、こんどはその〈やわらかい本〉が市場の中心にどかんと居すわり、〈かたい本〉はその片隅に押しやられてしまったのです。

——有料も無料も、〈かたい本〉も〈やわらかい本〉もひっくるめて、多様な本の共存だけが私たちの自由な読書を保証してくれる。

それが〈二十世紀読書〉の基本にあった確信だったとすれば、〈かたい本〉による専制も〈やわらかい本〉による市場独占も、その基本をつき崩してしまう点ではおなじ。基本が崩されて市場や図書館の性格が変われば読書の質も変わらざるをえない。しかも、この間の変化はあまりにも急激でしたからね。そんな環境で育った人たちが、〈かたい本〉中心の環境で育った人たちや、〈かたい本〉と〈やわらかい本〉が同等の力を持ちえた環境で育った人たちと、かなりことなる読書観をいだくことにならないとしたら、そのほうがふしぎなのです。

9 〈紙の本〉と〈電子の本〉

電子本元年？

アマゾンの電子本リーダー「Kindle」が発売されたのが二〇〇七年。その意外な成功にあわてたアップルが二〇一〇年に電子本リーダーをかねるタブレット(書板)型の携帯パソコン「iPad」を発表し、日本でも新聞や週刊誌が「電子本元年」とさかんに書きたてた。

しかしこの報道のしかたは厳密にいえばまちがいです。電子本の原型は二十世紀の七〇年代にすでにアメリカで実現されていた。日本でも九〇年代になると、フロッピーディスクやCDやインターネット経由で、かなりの量の電子本が流通していたのですから、いくらなんでも「元年」ということはない。

ただし、いちおう流通はしていたが、そのおおくは無料だったたし(たとえば「青空文庫」)、大手出版社が売りだした『新潮文庫の一〇〇冊』などの有料CD本にしても、よく売れたとは到底いいがたい。それやこれやで、ほとんどの人や企業が「電子本はまだ当分はビジネスになるまい」と考えるようになったころ、Kindleの成功によって、にわかに電子本を商品として売るメドがついた。したがって正確には、あれは「電子本」ではなく「電子本ビジネス」の「元年」というべきだったのです。

そしてさらにいうならば、たしかに商品化の元年ではあったけれども、そのことで私たちの生活に電子本を日常的に読む習慣が根づくまでにはいたらなかった。おとろえたとはいえ、慣れ親しんだ〈紙の本〉への信頼はまだしぶとく生きつづけている。そういうことだったのでしょう。

いや、じっさいには〈紙〉にかぎらないのです。〈紙の本〉以前にも、歴史的に見れば紀元前四千年紀のメソポタミアの〈粘土の本〉にはじまり、古代インドの〈木の葉の本〉、エジプトやギリシャの〈パピルスの本〉、中国の〈竹の本〉や〈絹の本〉、中東やヨーロッパの〈獣皮の本〉など、さまざまな形態の本が存在した。したがって正しくは、それらのすべてをひっくるめて、——さまざまな時代、さまざまな土地の人びとが、身近な自然物の平たい表面に、テキストや画像をノミや尖筆や墨その他のインキで物理的に定着させ、それを巻いたり綴じたりしたもの。

それが、というか、それこそが人類にとっての本だったのです。そしてその流れのはてに、おそらくは八世紀ごろの中国で植物性の紙をもちいた〈紙の本〉が出現する。本書で言及した本でいえば、『源氏物語』(手写)から『好色一代男』(木版)や『学問のすゝめ』(木版＋活版)や円本(活版)をへて現在まで、そのすべてがこの〈紙の本〉時代の産物だったことはことわるまでもないでしょう。

そして、これら多様な本のすべてに共通して、読む者の信頼をささえてきたのが〈定着〉という特性です。すなわちテキストや画像を長期にわたって、ちょっとやそっとでは消せないものとして保存しつづけること——。

このようなものとしての本を読む時代が五千年以上もつづいたのち、二十一世紀の冒頭にそれとはまったく異質な本が、とつぜん大量販売用の商品としてのすがたをあらわした。手写や印刷ではなく、テキストを明滅する光の点として携帯可能な小型コンピュータの画面に表示する本。表示するだけですよ。定着はしないし、できない。それが電子本なのです。

そうである以上、こんな頼りない本に〈紙の本〉の読書に親しんだ人びとがたやすく心身をゆだねてしまえるわけがない。とはいうものの、いったん出現してしまったからには、まったくないものと見なすこともできない。はてさて、このやっかいな事態を私たちはいったいどう理解したらいいのか。

この問いへのとりあえず確実といいうる答えはひとつしかありません。

――本というメディアが歴史上はじめて、私たちの目のまえで〈物質の本＝その最高形態としての紙の本〉と〈物質ではない本＝電子の本〉というふたつの方向に分岐しはじめた。いま私たちはその歴史的な分岐の場に立ち合っている。

これがその答えです。

〈紙の本〉にはできること（たとえば物理的定着）とできないこと（たとえばマルチメディア化やインターネットによる流通）があるし、その点では〈電子の本〉もおなじ。したがって、なにかひとつの基準によって〈紙の本〉と〈電子の本〉の優劣を決めてしまうことはできない。とすれば、のこされた方法は共存しかありません。これまでは一筋道だった本の歴史が二方向に分かれ、それぞれにできることとできないことを持つ二種類の本が、部分的にかさなりあいながらも別の領域に存在しつづける。そうしたふくざつな共存関係をつづけてゆくしかないのです。

では、私たちがふつう読書と呼んでいる「本はひとりで黙って読む。自発的に、たいていはじぶんの部屋で」という行為は、そのどちらの道を行くことになるのだろう。

基本的には前者だと私は思います。当分のあいだ、その役割は〈紙の本〉が担っていくしかないでしょう。そして、そこで思いだすのが、吉田健一の「本のこと」という小さな文章なのです。六〇年代初頭に発表されたこの文章で、吉田は「本は道具である」とまず断定し、かさねて「この道具を使ふのに専門的な知識が必要でないといふのが本の重要な特徴の一つである」とのべていた。

この道具は破損してゐない限り、確実にこれを使つて目的が達せられるから、愛読することが出来て、繰り返して読むうちにそれは使ひ馴れた鋏や箸と同じことになる。(略)我々を楽ませてくれるやうな本は一度でその楽みが終るものではない。ただそれだけの目的で書かれたものは別であるが、本と呼んで差し支へないものは何度でも繰り返して読めて、さうすることが我々が生きてゐることに味を加へ、それが本を読む楽みといふものなので、本をさうして読んでゐるうちには当然、我々が使ひ馴れた箸や鋏とともに本もまただの道具ではなくなる。

ふだんはとくに意識していないが、本もまた「使ふのに専門的な知識が必要でない」日用品のひとつなのだ。私たちの「本を読む楽しみ」の芯のところにその事実がある。――この吉田の論(それこそ単純で堅固な)には、私もそうですが、おそらくたいていの人がすすんで同意するのではなかろうか。

では、だとすると〈電子の本〉を読む道具としての現行の電子本リーダーは?

ざんねんながら、この新しい道具がそのまま鋏や箸のような日用品になりうるとは、とても思えません。なかでも決定的なのが「使ふのに専門的な知識が必要でない」という最低限の条件を充たせずにいることです。〈紙の本〉なら幼いころに使い方をまなべば、一生そのままでやっていける。でも電子本リーダーはそうはいかない。なにしろ、たえまない新製品の投入やハードやソフトのバージョンアップのたびに、老いも若きも、その使い方を繰りかえし再学習するしかなくなるのですから。

のみならず、そこまで読者に負担をかけながらも、個々の機能の反応のにぶさにはじまり、コピーやメモの保存すら満足にできないという致命的な欠陥まで、さまざまな問題点がいっこうに解決されないまま時がすぎてゆく。

もちろん技術的な困難もあるでしょうが、それ以上に、「これが電子本リーダーなのだ」という基本の形がきまり、「これさえあればもう十分」と読者が感じるようになれば、肝心の商品の売れ行きはいやおうなしに激減せざるをえない。そちらの恐れのほうがはるかに大きい。そこで、そうさせないために新製品の発売やバージョンアップを頻繁におこない、他社製品との激烈な競争を勝ちぬくべく、ハデな宣伝でユーザーの欲求を煽りつづける。つまるところ、アップルやグーグルやアマゾンに代表される今日のグローバルIT企業にとっては、みずからの商品を鋏や箸なみの枯れた日用品として成熟させずにいることこそが、安定した経営の必須条件なのです。

さて、するとどうなるか。

いまもいったように、吉田健一のいう単純で堅固な日用品としての本を欠いては、私たちの「本を読む楽しみ」は成立しません。しかるに〈電子の本〉にはそうした安定を保証する力がない。となれば結論はひとつ。人びとが落ちついた読書の習慣をじぶんから放棄してしまわないかぎりは、〈紙の本〉がその役割を担いつづけてゆくしかないのです。

ただし、そう考えるからといって、なにも「電子化は私たちの本の文化になんの豊かさももたらさない」などといいたいわけではない。その逆です。

じっさい、この二十年間、私は『本とコンピューター』(一九九三)や『電子本をバカにするなかれ』(二〇一〇)などの自著で、伝統的な〈紙の本〉から遠くはなれた〈電子の本〉が、やがて独立した第二の本として新しい世界を切り拓いてゆくさまを想像的にたどった上で、もしそうなったとしても「私はそれを歓迎するだろう」と何度となく言明してきました。

しかも「遠くはなれる」だけでなく、〈電子の本〉は同時に〈紙の本〉のすぐそばにいて、その資産を電子的に豊富化しながら忠実にひきつごうとするもうひとつの試みにも、ねばりづよく挑戦してきた。七〇年代はじめにアメリカで発足した「プロジェクト・グーテンベルク」がそうですし、九〇年代にはじまるアメリカ議会図書館の「アメリカの記憶」計画もそう。

前者は、それまで計算チェック用のモニター（のぞき穴）にすぎなかったコンピュータ画面が、使いようによってはある種の本にもなりうるという大発見（だったのですよ、その当時は）にもとづいて、二万点ちかい〈紙の本〉をボランティアの手で電子化し、のちに日本の「青空文庫」のお手本となった。

そして後者はアメリカ議会図書館所蔵の視聴覚資料を中心とする壮大なインターネット・アーカイブ構想で、いまも進行中。インターネット・アーカイブ。すなわちインターネットから利用できる電子化された文書・本・音声・画像・映像などの保存倉庫——。

〈紙の本〉は物質だから定着度は高いけれど、その分かさばる。インターネットで送受信することもできないし、複雑で敏速な検索も苦手。それに対して〈電子の本〉の実体は「0と1

の二進数で記述されたテキストや画像」ですから、そうした欠陥からはすべて逃れられる。文字の拡大や音声朗読も可能。しかも、そのときどきの新しい記憶装置にコピーしなおせば半永久的な保存も。——となれば、アーカイブをささえるシステムとしては、これ以上のものはないということになる。

ただし問題は実現や管理に莫大な資金が必要なことです。一万点ていどの本の電子化ならボランティアでもなんとかなる。でも十万とか百万のレベルとなると、これまで図書館や文書館の経営を担ってきた国家や自治体や大学ですら簡単には手がだせない。

そこで「もしそうならわれわれが」と名乗りを上げたのがグーグルです。

二〇〇四年、同社は「グーグル・プリント」(現、グーグル・ブックス)という新プロジェクトを発足させ、世界各地の大学図書館や公立の中央図書館と手を組んで、これまで出版された〈紙の本〉のすべてをデジタル・スキャンし、そこから作成した〈電子の本〉を世界中からオンラインで利用できるようにするという大事業にとりかかった。古代アレクサンドリア図書館のむかしから、おおくの図書館人が「世界中の本を一か所にあつめた巨大図書館」という夢を、むなしく追いつづけてきた。その「全世界図書館」の夢を、いまやグーグルというグローバル企業が膨大な資金と技術力を投入して一気に現実化しようとしているのです。

ただし前世紀の「プロジェクト・グーテンベルク」や「アメリカの記憶」は、全世界の人びとに無料でひらかれた公共的な電子アーカイブとして構想されたが、「グーグル・ブックス」はちがいます。

じつをいうと、発足時、私はこの計画に少なからず心をうごかされた。アップルがそうだったように、もとはといえばグーグルも、七〇年代のパーソナル・コンピュータ革命（巨大コンピュータの単なる端末ではない自立した個人用コンピュータという夢の実現をめざす）の申し子ですからね。この途轍もない大事業のうちに、当時、さまざまな困難に直面していた図書館の社会的任務を新しい時代に引きつごうとする意志をかいま見たと、うっかり思ってしまった。

ところが時間がたつにつれて、それがとんでもないまちがいだったことがわかってきます。きれいなタテマエの裏側で、かれらをここまで突き動かしてきたのは、結局のところ、〈紙の本〉という形式で保存されてきた人類の知的資産をじぶんたちの手で根こそぎデジタル・データ化し、それへのアクセス権を独占して、グローバルな情報権力をにぎろうとする欲望だけだったのです。

いまとなってそう認めるのはいささかならず癪にさわるのですが、電子本リーダーからインターネット・アーカイブまで、こうして見てくると、二十世紀後半にめばえた〈電子の本〉の未来が、二十一世紀の最初の十年間に、ごく少数の巨大IT企業の支配下におかれてしまったことがわかります。つまりはハリー・ポッターと新自由主義経済による世界制覇の時代ですよ。運わるくそこに「電子本ビジネス元年」がピタリとかさなってしまったのです。

そのため二十世紀末に表面化した「いますぐ売れる本がいい本、そうでない本は悪い本」という出版業界内での暗黙の了解が、〈紙の本〉のみならず、二十一世紀の〈電子の本〉の世界にまで引きつがれ、日本でいえば、電子書店の棚にならぶ本の八割はコミックスで、のこりを売れ筋の〈やわらかい本〉や〈新しい本〉が占めるという惨憺たる状態を呈してしまった。

対するにアマゾンのKindleは、すでに発足時に〈新しい本〉と〈古い本〉、〈やわらかい本〉と〈かたい本〉を合わせて四十五万点という膨大な電子本の在庫を持ち、それをどこからでも安価に、もしくは無料でダウンロードできる仕組みをととのえていた。あからさまな世界制覇を狙う以上、かれらはそこまで徹底的にやるしかなかったのです。

そしてその結果として、日本の読者もこれと同レベルの市場環境を期待することになった。しかし、よかれあしかれ、われわれの出版業界にそうした期待に応える力はなかったし、それにとって代わりうる独創的なビジョンを打ちだす意欲もなかった。ただし業界のそとにでれば話はべつです。小さいながらも、「これは!」と思わされるような試みがまったくなかったわけではない。とりあえずその実例をふたつあげておきます。まずは先ほども触れた「青空文庫」について——。

著者の死後五十年たって著作権が消滅した作品（おもに文学）をボランティアの手で電子化し、綿密な校正をへて、無料でダウンロードできるようにした日本で最初の私設電子公共図書館——それが「青空文庫」です。一九九七年にノンフィクション作家、故富田倫生《みちお》の呼びかけによってはじまった。

じつをいうと私は本書を書くにあたって、この文庫からかなりの恩恵を受けています。たとえば「読書」というキーワードで検索をかけると、幸田露伴、夏目漱石、寺田寅彦、岡本綺堂、平田禿木、三木清といった人たちの代表的な読書エッセイが二十編ほど、ずらりと並ぶ。「はァ、この線で徹底的にやれば日本でも独立的な電子公共図書館ができるぞ」とすくなからず感動した。そういえば原勝郎の『東山時代に於ける一縉紳の生活』も、あるはずの筑摩叢書本が書棚に見つからず、やむなくこの文庫で再読したのでしたっけ。

いま日本の出版社やIT企業がインターネット上に開設している電子書店をのぞくと、たいていはそこのバーチャルな書棚に「青空文庫」の本が並んでいる。しかし、かつて発足時の同文庫に向けられた業界人の目は、なかなかに冷ややかなものでした。そんな出版社やIT企業が、いまは自社の電子出版事業のかくれた目玉のひとつとして、じぶんたちにできないこと（じっくり読むに足る本をまとめて電子化する）を無償でやってくれる「青空文庫」にたよっている。ちょっとへんな気がします。

そして第二が「自炊」ブーム――。

いくら待っても読みたい本が電子本化される気配がないので、苛立った読者がじぶんの手で蔵書を電子化することにした。じぶんでつくるから自炊。手持ちの本を裁断機でバラし、一ページずつスキャンしたものをＯＣＲソフトで電子化して、kindle や iPad などの電子本リーダーで擬似的なページめくりが可能なしかたで読む。

最初にだれがはじめたのか、私は知りません。たぶん二〇一〇年か一一年、あの「電子本元年」騒ぎのなかで自然発生的に生まれたものだったのでしょう。

発足時の「青空文庫」と同様、「自炊」に対しても、出版社や著作権者の反発はことのほかつよかった。犯罪視する人もいたし、いまもいます。でもね、わが国の出版業界はいつまでたっても、硬軟ひっくるめた大量の本の一挙電子化と公開に踏み切ろうとしない。おかげで読みたいのに読む本がどこにもない。そのため、やむなく自炊に追い込まれた「本好き」諸氏のささやかな自衛の知恵まで押しつぶして、いったいどうなるというのだろう。「青空文庫」から

「自炊」にいたる小さな知恵と工夫の流れ。これまでのところ、日本の出版電子化が世界に誇りうる独創的な試みは、それしかないのかもしれないのに。

――と私も一応はそう考えるのですが、なにせ書物史上はじめての大変化ですから、なんであれ、そう簡単に結着がつくわけがない。

そんな厄介なケースの一例としてこんな話があります。著名な書物史家ロバート・ダーントンがハーヴァード大学図書館の館長に選出され、「グーグル・ブックス」計画の提携相手であるグーグル社をはじめて訪れたときのこと。そこでかれは、この会社には弁護士や技術者が何千人もいるというのに、ひとりの書誌学者もいないという事実に気づき、「このプロジェクトはかならず失敗する」という確信をえたというのです。

では失敗したグーグルは、そのあとどうすればいいのか。「まようことはない」とダーントンはいいます。データの独占を放棄して原則タダの電子公共図書館の企てにすすんで参加すればいい。「こうした気前のよさによって会社が失うものはない。むしろその善行によって大いに称賛されるのではないか」(「グーグルのものよりいい電子図書館」)――。

この忠告が近い将来、そのままのかたちで実現されるとは思えません。でも、たとえばグーグル社自体が何度か消えてなくなるほどの長い時間がたてばどうか。同社の手でデジタル・スキャンされた「全地球図書館」が、やがて全地球レベルの「電子公共図書館」の重要な一部になってゆく可能性は、かなり大きいといっていいのではないだろうか。

だとすれば私たちも、そんなにいそいでジタバタせずとも、あと何十年かがたち、「すぐ売れる本がいい本、そうでない本は悪い本」の時代が過ぎ去ってゆくのを、腰を据えて待ちつづければいいのかもしれない。たんに受け身でいるのではなく戦略的に待つ。ゆっくり急げ。そのふくざつな時間に笑って対処できればいうことはないのですが。

それでも人は本を読む

人が本を読まなくなった。あれほど堅固に見えた〈紙の本〉への信頼感がぐらりと揺らいだように思える。このさき私たちの読書環境はどう変わってしまうのだろうか。

こうした不安をもたらした犯人はデジタル革命だという説があります。ゲームやSNSのせいだとか、なにもかもインターネットがわるいのだとか――。

でも、はたしてそう簡単にいいきってしまえるのかどうか。

だいいち若者の「本ばなれ」が顕著になった七〇年代末には、デジタル時代はまだ緒についたばかり。戦後はじめて本の総売上が下降に転じたのも、インターネットや携帯電話が広く定着したのも、すべて九〇年代が終わり近くなってからのことなのです。であるからには、どう考えても読書習慣のおとろえの責任をまるごとデジタル革命に負わせることにはむりがある。それよりも、このおとろえは二十世紀後半、デジタル革命の開始以前に、〈紙の本〉の世界の内側で徐々に醸成されてきたと考えておくほうが、よほど自然なのではないだろうか。

もうひとついえば、新しく興隆したメディアが〈紙の本〉をほろぼすという危機の構図にしても、それ自体は新しいものではなく、すでに出版産業化が本格化した一九二〇年代にはすがたを現していました。このときの本の敵は映画(無声映画)です。たとえばチェコの人気作家でジャーナリストのカレル・チャペック。かれは一九二五年に、早くも成熟期に足を踏み入れた映画の力をたたえて、これからは本を読む「概念的タイプ(老年世代)」にかわって映画で再教育された「視覚型人間(現代の人間)」が増えてゆくだろう、と予言していた。

読書タイプの人間は忍耐強い。周囲の状況を認識し、事件の記録のなかに腰を据え、話を最初から最後までたどっていくだけの十分な時間を取る。

視覚的タイプはそれほど忍耐強くありません。状況を一目で把握し、時間をかけずに話の筋を飲み込んでしまいたがります。そして、次の瞬間にはもう新しい何かを物色しているのです。しかし、もしかしたら、たっぷり息を吸うために、映像の急流から逃れ、本に戻る人も出てくるかもしれません。(略)多分ね、そんなこと誰にわかるのです?――多分、書物はだんだんと死に絶えていくでしょう。もしかしたらバビロンの文字の書かれた煉瓦のように奇妙な記念碑になるでしょう。でも、芸術は死に絶えることはありません。

(「目の世代」)

文脈がすこし混乱しているので、チャペックが「本に戻る人」に批評的な距離をおいているようにも読めます。でも、たぶんそうじゃないな。かれが人間をつくりかえる映画特有のスピード感に魅せられていたのは事実でしょうが、それと同時に、ねばりづよく「周囲の状況を認識」し、十分な時間をかけて「最初から最後まで」話につきあうという「読書タイプの人間」の習性にも、おなじくらい、もしくはそれ以上につよく共感していた。チャペックが同時期に書いたいくつかのエッセイから見ても、かれのうちに「進歩する人間」とならんで、ひとりの確信的な「本に戻る人」がいたことはあまりにもあきらかなのです。

そして、このチャペックのうちなる「読書タイプの人間」と「視覚型人間」との葛藤の劇が、百年後、映画をインターネットに、「視覚型人間」を「デジタル型人間」におきかえて、そっくりそのまま繰りかえされます。私の場合でいえば、数年まえ、たまたま雑誌で津村記久子の「咳と熟読」という文章を読み、おや、おれは以前、これと似たようなことをどこかで読んだことがあるぞと、チャペックのこのエッセイのことを思いだした。

津村の「咳と熟読」によると、いっとき本をはなれてインターネットに熱中した彼女は、やがてネット情報の「瞬間湯沸かし」的な収集に疲れて、ふたたび本を読むようになったらしい。「情報」をいそがしく「脳味噌に注入」するかのごとき「飽和状態」のなかで「逆説的に、自分が本から得ていた主な栄養は「情報」ではないのだな」と気づいたというのです。

本を読み始めた頃、読むことは、ひたすら体験だった。図書室で借りてきた本のぼろぼろさ加減とその物語は、一体のものとなって記憶されている。喘息の発作の後、親に隠れて本を読んでいる自分自身もまた、物語の一部だったように思える。ああ、『チム・ラビットのぼうけん』はおもしろかったなあ、と思い出す時は、必ず、小学二年の時に住んでいたマンションの六畳の寝室と、窓から差し込む昼間の光と、苦かった薬と裏腹に魅力的だった吸入器の味のことを思い出す。

そういう、体を伴った読書を再び求める。

ネット情報とのつきあいに疲弊して「読書を再び求める」ようになった。つまりはそういうこと。彼女もまた、チャペックがいう「たっぷり息を吸うために、映像〔情報〕の急流から逃れ、本に戻る人」のひとりだったのです。

チャペックと津村記久子――。

この二人の作家の百年の時をへだてた体験をならべてみると、〈読書の黄金時代〉としての二十世紀が、じつは終始、かならずしも安定したものでありつづけていたわけではないことがわかります。いかにも私たちは、いまデジタル革命の衝撃で〈紙の本〉がはじめて危機にさらされているように感じている。でもちがうんですね。チャペックによると、すでに前世紀の二〇年代、〈読書の黄金時代〉がその盛期にさしかかろうとするころには、映画の成熟によって、かれ自身をふくむ本好きたちまでが、いち早く、その危機を予感するようになっていたらしい。

そして、この点にかかわってもうひとつ見すごしてならないのが、この危機が同時に〈紙の本〉の力を人びとが発見しなおす機会になったということです。

日用品としての本に慣れすぎて、私たちはともすればそのありがた味を忘れてしまう。そんなとき、ふいに衝撃的ななにごとかにぶつかり、忘れていたありがた味を新鮮なものとして見つけなおす。〈読書の黄金時代〉前半期での「なにごとか」は映画でしたが、それに匹敵する後半期のできごとがインターネットの出現です。そして映画の場合と同様に、今回も新しい「なにごとか」に震撼させられた〈紙の本〉が、逆に、あわただしい情報ラッシュに疲れはてた人間がそこに戻ってゆく代替のきかない強力な場として再発見される。それがチャペックの「本に戻る」だったし、津村記久子のいう「読書を再び求める」でもあるのでしょう。

そういえばこの点については、以前もいちど「書物史の第三の革命」という文章で、二十一世紀のゼロ年代に教師として若い学生たちとつきあった経験にもとづいて、多少くわしく論じたことがあります。

いまの学生はたしかにあまり本を読まない。だからといってかれらが「もう本なんかなくてもいいや」と考えているのかといえばさにあらず。教室でなんどか試みたアンケートによると、むしろ「なくなっては困る」と感じている者のほうが圧倒的に多いのです。そこで「なぜ困るの？」ときくと、たいていは「毎日の暮らしのなかで、いまあるような本とつきあうことの楽しみをなくしたくない」という意味の答えがもどってくる。

「紙の本にさわったり、めくったりするときのいい感じを捨ててしまうのはもったいない」

「じぶんの本棚に好きな本がならんでるのを見ていると、なんとなく安心するんです」

「本って記憶ですよね。夕方、どこかの町の喫茶店の窓際の席であの本を読んだなとか、本にはそれを読んだときの記憶がくっついてるでしょ」

なのにインターネット経由、ケータイやスマートフォンで読む本（つまり電子本）には、そうした一切が欠けている。あれはやっぱり読書とはいえないんじゃないですか、というのですね。だから、やはり津村のいう「体を伴った読書」なのですよ。〈紙の本〉は一点一点がべつの顔、べつの外見をもっている。しかし〈電子の本〉では、すべての表現が特定の企業や特定の技術者がつくったハードやソフトの平面に均されてしまう。SFX映画みたいなもので、どれも同じような味しかしないから、いずれは飽きる。それに飽きたり疲れたりした者がふたたび〈紙の本〉に向かう。すなわち「体を伴った読書」にもどる。そしてそこでは一点一点の本の個別性や多様性がきちんと保持されている。そうじゃないとみんなが困るのです。

もちろん実際には、かれらはあまり本を読んでいません。ただし毎日新聞社が戦後つづけてきた読書調査によると、近年は、「このごろの若い連中はちっとも本を読まない」となげく老人たちのほうが若者以上に本を読んでいないらしい。とすれば、なにも「若い連中」にかぎらない。中高年をふくむすべての日本人がしだいに本を読まなくなるなかで、かれらも本を読まなくなった。そう考えておくほうがより正確なようなのです。

——明治の終わりから大正にかけて、人びとが年齢や地域や性別や学歴の差をこえていっせいに本を読むようになり、そこから〈読書の黄金時代〉としての二十世紀がはじまった。以前、私はたしかにそうのべました。

ところが、その二十世紀が終わって、つぎの世紀にはいると、おなじく年齢や地域や性別や学歴の差をこえて、おおくの日本人がやはりいっせいに本を読まなくなっていた。どんな本好きも、いや本好きであればあるほど、さまざまな調査や本の売れ行きの急激な減少から、なによりも日常の実感として、その変化をみとめざるをえなくなったのです。その結果、いつのころからか、私たちは「遠からずわれわれの社会から日常的に本を読む習慣が失われてしまうかもしれない」という、ぼんやりした不安をいだくようになった。

しかし、たとえそうだとしても、幼いころからの「体を伴った読書」の記憶が消えてしまうわけではありません。その個人的な記憶に、紫式部や菅原孝標の女《むすめ》にはじまる日本人の読書の集団的な記憶がかさなり、そのことが、ふだんあまり本を読まない人たちをも辛うじて本にむすびつけている。したがってこのさきも、そこに行けばかならず多様な本があり、じぶんの関心をどんな方向にでも深めてゆけるような環境が安定的に確保されつづけるなら、いちどは本を読まなくなった人びとがふたたび本を読みはじめる可能性だって、まったくないわけではないのです。

チャペックの「本に戻る」や津村記久子の「読書を再び求める」から、ケータイやスマホを手にそだった若者たちの「本がなくては困る」まで、これらの発言に共通するキーワードは「再発見」です。rediscovery。つまりカバーやベールなどのおおいをひきはがして、かくされていたものを見つけなおすこと。

そして現代の日本で、厚いおおいで見えなくされている本の象徴が、先述の人文書を筆頭とする〈かたい本〉です。この種の隠蔽のさまを、再度、ざっと列挙しておきます。

○〈かたい本〉が書店にならぶ期間がめだって短くなった。
○それにつれて出版社の〈かたい本〉の在庫が極端に動かなくなった。
○地方の街の小さな本屋さんや個性的な書店が軒並みに店を閉じてゆく。
○電子本書店の惨状はいわずもがな。
○そして、ついには頼みの綱の公立図書館までが〈かたい本〉を露骨に敬遠するようになってしまった。

などなどですね。

ここに「日本人が本を読まなくなった」現象を加えれば、〈読書の黄金時代〉としての二十世紀がせっかくつくりあげた「戻るところ」が、わずか二十年ほどで、つぎつぎに消滅するか、その寸前にまで追いつめられていることがわかるでしょう。では、これらの現象をひとことでいえばどうなるか。乱暴なようだが、やはり〈読書の黄金時代〉としての二十世紀はとうとう終わりを迎えたのです。そう考えるしかないだろうと私は思います。

あらためて整理しておくと、この〈黄金時代〉を実質的にささえてきたのが、大正から昭和にかけて資本主義的産業として再編された出版ビジネスです。直接の動力は「亜米利加型」のあられもない利潤追求。ただしこの段階でのそれは、少数のエリート層が占有してきた読書の習慣をすべての階層の日本人に開放する、という「読書の平等化」への意欲というか、それなりに強烈な使命感をともなっていた。だからこそ関東大震災と第二次世界大戦というふたつの危機に直面しながらも、そのつど、多様かつ自由な考え方や楽しみ方を大衆規模で実現するという目標を、なんとか強化しつつ保持することができたのです。

ところが二十世紀も終わりに近づくにつれて、その資本主義が変質しはじめる。すなわち

「すぐ大量に売れる本がいい本」という風潮が本の市場に定着し、そんな環境を自明のものとしてそだった人びとが読者の中心を占めるようになった。そして、おそらくはその結果として、ごく少数の「いちばん売れる本」に読者が殺到し、ほかの本はまったく売れないという極端な傾斜が市場に生じてくる。いわずと知れた「おびただしいかずの人びとがいっせいに同じ本を読む」ハリー・ポッター現象です。

しかもその市場原理が、それとは別の原理(公共性)で動いてるはずの公立図書館にまでじわじわと浸透してゆく。

おかげで私が暮らす東京近郊の市立図書館でも、いつしか、人気作家の新刊本を予約する人のかずが軽く一千人を超えるようになった。直木賞受賞作ともなれば二千人超えもまれではない。でも市立十数館の所蔵数は一点あたり合計して、せいぜい三十冊ていど。全員が借りるには優に十年以上かかる。どう考えても、これは無茶ですよ。数字だけでいえば大繁盛と見えないでもないが、ちがう。蔓延する市場自由主義的ハリー・ポッター現象のおかげで、〈かたい本〉と〈やわらかい本〉の別なく、いつでも、どこでも、だれもがタダで多様な本を読めるという公立図書館の理念が、もろくも破綻しかけているのです。

では〈読書の黄金時代〉が終わったとして、このさき私たちの読書はどう変わってゆくのだろうか。むずかしい問いです。私には「かならずこうなる」と自信をもって答える力はない。そこでとりあえず、すでにのべた仮説をもういちど単純化して繰りかえさせてもらうと、

――本というメディアが歴史上はじめて〈紙の本〉と〈電子の本〉というふたつの方向に分岐しようとしている。私たちがふつう「読書」と呼んでいる行為は、当分のあいだ、そのふたつの方向の前者、つまり〈紙の本〉が担っていくことになるだろう。

　よりストレートにいってしまえば、たとえ〈読書の黄金時代〉が終わろうとも、〈紙の本〉による読書は終わらないだろうということです。そして「当分のあいだ」とは、もしもいつか〈電子の本〉をしばる強欲経済のしくみに激変が生じたら、そこであらためて考えなおそうではないかというほどの意味――。

　いずれにせよ、これまで私たちが読書と呼んできた行為は、これからもしばらくは、さしたる変化なくつづいてゆくでしょう。

　ただし、本を積極的に読む人のかずが減り、産業としての出版の基盤がここまで頼りなくなってしまったからには、それは過去のたんなる継続ではありえない。だから、やはり〈再発見〉なのです。「むかしにくらべて若い連中が本を読まなくなった」とか「古き良き読書習慣を守れ」とか、なげいたり腹を立てているだけではだめ。未来へすすむには、そのままの継続

への願望だけでなく思いきった切断が必要なのです。

もし「ひとりで黙って読む。自発的に、たいていはじぶんの部屋で」という読書がそこまで大事なものであるなら、その魅力を再発見するだけのためにも、いちどはそれを失ってみたほうがいい。そうすれば、たぶん私ごとき「老年世代」が消えたあとの世界で、人びとは本の魅力をあらためて発見しなおし、そこから〈紙の本〉と〈電子の本〉をひっくるめての新しい読書の習慣を再構築してゆくにちがいない。

　そして、そう思ってあたりを見まわすと、私たちの読書環境に生じた重苦しい変化の一方で、そのあちこちに、けっこう風通しのいい穴があきはじめていたことに気がつきます。

　たとえば、これは私も経験的にイヤというほど知っていることですが、二十世紀のインテリ読書人のおおくは、戦前と戦後の別なく、〈かたい本〉の読書と〈やわらかい本〉の読書には高級《ハイ》と低級《ロー》のちがいがあると、なんの疑いもなく信じていた。しかし近年のインテリはちがいますね。たとえば哲学研究者の木田元。私よりもちょうど十歳上のかれは「猿飛佐助とハイデガー」の幅をもつじぶんの読書生活をまるごとすなおに楽しみ、八十歳をこえたのちも、そのことをおおっぴらに語りつづけていた。この老碩学が山田風太郎の伝奇小説に入れこむさまは、本好きの大衆とまったくなんの変わりもなかったのです。

その木田元はまた、ハイデガーやメルロポンティの〈かたい本〉を学閥の統制下にあった直訳的難解さからときはなち、ふつうに読みさえすればちゃんと理解できる日本文に翻訳するという試みに果敢にとりくみつづけた人でもありました。カントやヘーゲルを、だれもが読めるすなおな日本語で改訳してみせた在野の哲学研究者、中山元や長谷川宏などもそう。

いや、哲学や歴史などの〈人文書＝かたい本〉にかぎりません。ミステリーや前衛小説や恋愛ものの領域でも、日本の翻訳の水準は、二十一世紀にはいると柴田元幸や村上春樹に代表される人びとの手で飛躍的に向上した。あるいは亀山郁夫訳『カラマーゾフの兄弟』にはじまる「光文社古典新訳文庫」とか、池澤夏樹訳『古事記』にはじまる「世界文学全集」「日本文学全集」（河出書房新社）とか。——これらも時代が私たちの読書環境にあけた大きな風穴のひとつだといっていいでしょう。

総じていえば、戦前からつづく教養主義的・権威主義的な〈読書の階段〉の秩序が、ようやくこの段階になって、ほぼ完全に崩壊したのです。木田元から柴田元幸や池澤夏樹まで、上記の人びとのしごとも、おそらくは、その崩壊現象にまっとうに対処しようとするところからはじまった。だからといって大衆読書が勝ち、インテリ読書が負けたというのではないですよ。そうではなく、インテリがインテリであることの古いしばりから、そして大衆が大衆であることの、おなじように古いしばりから、すこしだけ自由になったのです。

そのことをもっともよく象徴しているのがマンガの変貌でしょう。

それまで主として子ども向けの娯楽とされていたマンガが、ふと気がつくと、かつてロジエ・シャルチエが「快楽あるいは教養、気晴らしあるいは勉強のために読む」（『読書の文化史』）とのべたひろがりを有し、しかも老若男女、外国人をもふくむ広大な読者層をかかえもつ懐の深いメディアへと変貌をとげていた。ことほどさように、なにもいやなこと、絶望的なことだけではない。落ちついて見まわせば、そのまっただなかで、これまでになく明るいこと、よろこばしいことが、この時代だからこそ可能なやりかたで実現されていたのです。

したがって、前節の終わりにしるした「いそいでジタバタせずとも、いやな時代が過ぎてゆくのをゆっくり待つことにしよう」という判断は、ここでも有効です。

その「ゆっくり待つ」あいだも、たぶん人びとは読書をつうじて新しい表現、新しい思想を求めることをやめないでしょう。同様に古い表現や思想とつきあう術を捨て去ることもないにちがいない。このさき私たちの世界がいっそう暗鬱なものとなる可能性はけっして小さくない。そんな未来につぶされることなく大きなこころを保ちつづけるには、いま生きている人間の情報や知見だけでは足りない。そこに五千年の歴史をもつ本のうちに蓄積された人びとの智慧や体験に合流してもらう必要がある。やはり私たちには読書が必要なのです。

あとがき

私もそうだが、私たちのおおく（いまのところはですが）は二十世紀に本を読みはじめた。読むだけでなく、本をえらび、入手し、保存する習慣のすべてを、十九世紀でも二十一世紀でもなく、二十世紀という特殊な時代に身につけたのです。

では、そんな二十世紀をなぜ「特殊な時代」というのか——。

本の大量生産と読み書き能力の飛躍的向上によって、知識人と大衆、男と女、金や権力をもつ者ともたない者の別なく、社会のあらゆる階層に読書する習慣がひろがり、「だれであれ本を読むというのは基本的にいいことなのだ」という新しい常識が定着した。それがほかならぬこの世紀においてだったからです。洋の東西を問わず、そんな時代はかつて一度もなかったし、これからもないだろう。そう考えて私は、この本で二十世紀を〈読書の黄金時代〉という、いくぶん大げさすぎるかもしれないことばで呼ぶことにした。

したがって、むかしからそんなふうに考えていたのではない。そうとはっきり考えるようになったのは、どちらかといえば、つい最近のことなのです。

二十世紀が終わりに近づくにつれて、インターネットに代表されるデジタル文化のいきおいが増し、読書に積極的な関心をもつ人のかずがめだって減っていった。それに並行して、それまで右上がりの成長をつづけてきた本や雑誌の年間総売上が下降に転じ、世紀が変わっても、いっこうに回復の兆しが見えてこない。

そんなどん底状態がつづくなかで、ふと気がつくと、

――この逆流を押し戻すのは、もはやむずかしいのではないか。いや待てよ。だとすると、これまではごく当たり前のこと（すなわち常識）と思っていた私たちの本とのつきあい方は、もしかしたら、あんがい特殊なものだったのかもしれないぞ。

と考えるようになっていた。

そして、いざそう考えてみると、私をふくめての〈二十世紀読書人〉の本とのつきあい方には、ちょっとへんなところがあるみたいでもある。へんなところ、つまりくせですね。もっといえば歪み。そしてこうした自覚が生じたことで、じぶんの体験を普遍的な物差しにして「近ごろの若い者はちっとも本を読まんなァ」と無邪気になげくことも、なんだかむずかしくなっ

てきた。

＊

——といったしだいで、じつをいうと、最初のうち私は「二十世紀読書論」というテーマの本を書こうと考えていたのです。わずか百年間で人びとの読書生活に生じたあわただしい転変のさま。その歴史的な考察。日本だけでなく、それこそグローバルな規模での——。

そしてその線で新書編集部の古川義子さんと相談をかさねるなかで、思いがけず「読書と日本人」という難題にぶつかってしまった。

私たちの読書は「二十世紀」という枠組みと同時に、五千年を超える本の歴史というより大きな枠組みのうちにある。ところが、そのどちらでもない「日本」という中間レベルでの読書の歴史が、どうもうまくつかめないのですよ。たとえば、私たち日本人はいつどのように本を読むようになったのか。われわれの読書生活の運命について語ろうというのに、著者も編集者も、そんな単純な問いにさえ満足に答えられない。そうと気づいて、いささかならず泡を食ったのです。

その結果、詳細ははぶきますが、思いきって新しい本のテーマを「二十世紀読書論」からす。

「読書と日本人」に切りかえることにした。ところが、いざそう決めてさがすと、意外なことに、加藤周一の『日本文学史序説』に各時代の読者層についての簡潔な記述があることなどをのぞけば、われわれの国にはまとまった読書史といったものがほとんど存在しないようなのです。

そこでやむなく一からじぶんでしらべ、わかってきたことを前半の「日本人の読書小史」にまとめ、その上で、当初の二十世紀読書論を簡略化して後半におくことにした。もちろん専門の研究者ではないので本格的な通史は書けません。そんなシロウトの手になる、いくばくか独自の見解が混じっていないでもないような大づかみな読書史的エッセイ。そんな予想もしていなかった類の本ができてしまいました。

この国にはしっかりした読書史がない。それは事実でしょう。しかし、本書にも登場してもらったロジェ・シャルチエやロバート・ダーントンを中心に、二十世紀中盤にはじまった国際的な「書物史運動」や「読者研究」のたかまりもあって、日本でも各時代ごとの個別研究が着々とすすんでいます。私もこの本で、西郷信綱や前田愛から三田村雅子や鈴木俊幸や永嶺重敏にいたる方々の仕事に繰りかえし助けていただいた。参照した文献のすべてに触れる余裕はありませんでしたが、そのことをしるして御礼にかえます。

＊

本文でも触れましたが、たとえ〈読書の黄金時代〉としての二十世紀が終わっても、そのことで私たちの読書習慣までが消えてしまうことはないでしょう。とうぜんです。終わったのは本そのものではなく、あくまでも、映画、テレビ、ラジオ、演劇、舞踊、音楽、絵画、写真、デザインなど、さまざまなメディアが織りなす網の目の中心に本がど〻っしりと位置するという〈黄金時代〉の構図なのですから。

したがって本や読書をとくに優位にあるものと感じる心性が薄れるだけで、本そのものの価値が減るわけでも、本を読む日常が消えてなくなるわけでもない。それどころか、デジタル技術の介入もあって本をふくむ諸メディアの配置がガラガラと変容してゆくなかで、かならずや、新しい読書の習慣があらためてゆっくり醸成されてゆくことになるだろう。本書を書きおえたいま、私は〈黄金時代〉の終わりをそのようなものとして考えています。

私たちの読書習慣は、そとから押しつけられたものでも、たまたまできあがったものでもなく、長い時間をかけて徐々にかたちづくられたものでした。

とすれば、本書でいう〈読書の黄金時代〉としての二十世紀にしても、たしかに大きな力に満ちた時代ではあったが、それでもやはり人類の読書史が到達した輝かしい頂点だったわけではない。おそらくは、いずれそこにいたる(かもしれない)過程のひとつにすぎなかったのでしょうね。そして二十一世紀という本と読書の単純ならざる電子化の時代もまた——。

津野海太郎

二〇一六年九月十三日

引用文献一覧

1　はじまりの読書

菅原道真「書斎記」(『日本古典文学大系 72 菅家文草 菅家後集』所収，岩波書店，1978)
菅原孝標女・竹西寛子訳『更級日記』(『日本の古典に親しむ 10 蜻蛉日記と王朝日記』所収，世界文化社，2006)
玉上琢彌『源氏物語音読論』(岩波現代文庫，2003)
西郷信綱『日本古代文学史』(岩波同時代ライブラリー，1996)
西郷信綱『源氏物語を読むために』(平凡社，1983)
小川剛生『中世の書物と学問』(山川出版社，2009)
梅棹忠夫『知的生産の技術』(岩波新書，1969)
小長谷恵吉『日本国見在書目録解説稿』(小宮山出版，1976)
齋藤希史『漢字世界の地平』(新潮選書，2014)
中山茂『パラダイムと科学革命の歴史』(講談社学術文庫，2013)
大野晋ほか『岩波古語辞典』(岩波書店，1982)

2　乱世日本のルネサンス

原勝郎『東山時代に於ける一縉紳の生活』(筑摩書房，1967)
芳賀幸四郎『三条西実隆』(吉川弘文館，1987)
三田村雅子『記憶の中の源氏物語』(新潮社，2008)
慈円・大隅和雄訳『愚管抄 全現代語訳』(講談社学術文庫，2012)
網野善彦『日本の歴史をよみなおす』(ちくまプリマーブックス，1991)
網野善彦「日本の文字社会の特質」(『網野善彦著作集 15』所収，岩波書店，2007)
笠原一男校注『蓮如文集』(岩波文庫，1985)解説より引用

3　印刷革命と寺子屋

ルイス・フロイス『ヨーロッパ文化と日本文化』(岡田章雄訳注，岩波文庫，1991)

大内田貞郎「「きりしたん版」に「古活字版」のルーツを探る」（『活字印刷の文化史』所収，勉誠出版，2009）
中嶋隆『西鶴と元禄メディア』（NHK ブックス，1994）
貝原益軒・松田道雄訳『和俗童子訓』（『日本の名著 14 貝原益軒』所収，中央公論社，1969）
興膳宏・木津祐子・齋藤希史訳注『『朱子語類』訳注 巻十・十一』（汲古書院，2009）
矢田部英正『日本人の坐り方』（集英社新書，2011）
吉田兼好『現代語訳 徒然草』（佐藤春夫訳，河出文庫，2004）
藤森照信・荒俣宏『東京路上博物誌』（鹿島出版会，1987）
井上章一『ノスタルジック・アイドル 二宮金次郎』（新宿書房，1989）
幸田露伴『二宮尊徳翁』（少年文学 第 7 編，博文館，1891）
鈴木俊幸『江戸の読書熱』（平凡社，2007）
メーチニコフ『回想の明治維新』（渡辺雅司訳，岩波文庫，1987）
高橋敏『江戸の教育力』（ちくま新書，2007）
長友千代治『江戸時代の書物と読書』（東京堂出版，2001）
長友千代治『江戸時代の図書流通』（思文閣出版，2002）
長友千代治『近世の読書』（青裳堂書店，1987）

4 新しい時代へ

福沢諭吉『現代語訳 学問のすすめ』（伊藤正雄訳，岩波現代文庫，2013）
福沢諭吉『文明論之概略』（松沢弘陽校注，岩波文庫，1995）
前田愛『近代読者の成立』（有精堂出版，1973，のち岩波同時代ライブラリー，1993）
R. P. ドーア『江戸時代の教育』（松居弘道訳，岩波書店，1970）
田中優子『未来のための江戸学』（小学館 101 新書，2009）
財団法人逍遙協会編『坪内逍遙研究資料 第八集』（新樹社，1979）
田山花袋「二葉亭四迷君」（二葉亭四迷訳『あひゞき・片恋・奇遇 他一篇』所収，岩波文庫，1955）
蒲原有明「『あひびき』に就て」（前出『あひゞき・片恋・奇遇 他

一篇』所収）
中野重治『梨の花』（岩波文庫，1985）

5　二十世紀読書のはじまり

斉藤泰雄「識字能力・識字率の歴史的推移——日本の経験」（『国際教育協力論集 第15巻第1号』所収，2012，ネットにあり）
清水英夫・小林一博『出版業界』（教育社，1985）
エマニュエル・トッド『新ヨーロッパ大全Ⅰ』（石崎晴己訳，藤原書店，1992）
カルロ・M・チポラ『読み書きの社会史』（佐田玄治訳，御茶の水書房，1983）
R. シャルチエ『読書の文化史』（福井憲彦訳，新曜社，1992）
佐藤卓己『『キング』の時代』（岩波書店，2002）
永嶺重敏「初期『キング』の読者層」（『雑誌と読者の近代』所収，日本エディタースクール出版部，1997）
永嶺重敏「円本ブームと読者」（『モダン都市の読書空間』所収，日本エディタースクール出版部，2001）
丸山真男「わたしの中学時代と文学」（『丸山真男集 第15巻』所収，岩波書店，1996）
山崎安雄『岩波文庫物語』（白鳳社，1962）

6　われらの読書法

三木清「読書遍歴」（『読書と人生』所収，新潮文庫，1974）
柴野京子『書棚と平台』（弘文堂，2009）
加賀乙彦『加賀乙彦 自伝』（集英社，2013）
山口輝臣編『日記に読む近代日本3 大正』（吉川弘文館，2012）
東京市社会局編『日傭労働者の日記』（東京市社会局，1928）
永嶺重敏『モダン都市の読書空間』（日本エディタースクール出版部，2001）
河合栄治郎編『学生と読書』（日本評論社，1938）
本居宣長・石川淳訳『宇比山踏』（『日本の名著21 本居宣長』所収，中央公論社，1978）

7　焼け跡からの再出発
清水英夫・小林一博『出版業界』(前出)
池島信平『雑誌記者』(中央公論社，1958)
日本経営史研究所編『製紙業の 100 年』(王子製紙ほか，1973)
井上ひさし『本の運命』(文藝春秋，1997)
大岡信「私の中の古典」(井伏鱒二編『日本の名随筆 36 読』所収，作品社，1985)
荒俣宏・水木しげる『戦争と読書』(角川新書，2015)
加藤周一『夕陽妄語 VI』(朝日新聞社，2001)
『出版データブック 改訂版』(出版ニュース社，2002)
斎藤美奈子「日本文学全集とその時代」(『文藝』2015 年春季号・夏季号)
丸谷才一「書評と『週刊朝日』」(『快楽としての読書〈日本篇〉』所収，ちくま文庫，2012)
永嶺重敏『東大生はどんな本を読んできたか』(平凡社新書，2007)
植草甚一『植草甚一スクラップ・ブック 39 植草甚一日記』(晶文社，1980)

8　活字ばなれ
松山幸雄「得意泰然」(『週刊新潮』ダイジェスト欄，1977.6.16)
桑原武夫「読書」(『わたしの読書遍歴』所収，潮出版社，1978)
リュシアン・フェーヴル，アンリ＝ジャン・マルタン『書物の出現』(関根素子ほか訳，筑摩書房，1985)
Gabriel Zaid『So Many Books』(Paul Dry Books，2003)
フレデリック・ルヴィロワ『ベストセラーの世界史』(太田出版，2013)
『出版年鑑 1978 年版』(出版ニュース社，1978)
岩波書店編集部編『岩波新書の 50 年』(岩波新書 新赤版別冊，1988)
『2015 年版 出版指標年報』(全国出版協会・出版科学研究所，2015)

9　〈紙の本〉と〈電子の本〉
吉田健一「本のこと」(清水徹編『吉田健一 友と書物と』所収，みすず書房，2002)
Robert Darnton「A Digital Library Better Than Google's」(『The New York Times』，2001 年 3 月 23 日号)
カレル・チャペック「目の世代」(『カレル・チャペックの映画術』所収，田才益夫訳，青土社，2005)
津村記久子「咳と熟読」(『図書』2011 年 3 月号)
津野海太郎「書物史の第三の革命」(『電子本をバカにするなかれ』所収，国書刊行会，2010)
全国大学生活協同組合連合会「第 51 回学生生活実態調査の概要報告」(同大学生協ウェブサイト，2016.2.24)

津野海太郎

1938年福岡生まれ．編集者・評論家．和光大学名誉教授．

早稲田大学卒業後，劇団「黒テント」制作・演出，晶文社取締役，『季刊・本とコンピュータ』総合編集長，和光大学教授・図書館長などを歴任．

著書—『小さなメディアの必要』(晶文社)『本とコンピューター』(晶文社)『新・本とつきあう法』(中公新書)『滑稽な巨人 坪内逍遙の夢』(平凡社，新田次郎文学賞)『ジェローム・ロビンスが死んだ』(平凡社，のちに小学館文庫，芸術選奨文部科学大臣賞)『おかしな時代『ワンダーランド』と黒テントへの日々』(本の雑誌社)『電子本をバカにするなかれ』(国書刊行会)『花森安治伝』(新潮社)『百歳までの読書術』(本の雑誌社)ほか

読書と日本人　岩波新書(新赤版)1626

2016年10月20日　第1刷発行

著　者　津野海太郎《つのかいたろう》

発行者　岡本　厚

発行所　株式会社 岩波書店
〒101-8002 東京都千代田区一ツ橋 2-5-5
案内 03-5210-4000　営業部 03-5210-4111
http://www.iwanami.co.jp/

新書編集部 03-5210-4054
http://www.iwanamishinsho.com/

印刷・理想社　カバー・半七印刷　製本・中永製本

ISBN 978-4-00-431626-8　Printed in Japan

岩波新書新赤版一〇〇〇点に際して

ひとつの時代が終わったと言われて久しい。だが、その先にいかなる時代を展望するのか、私たちはその輪郭すら描きえていない。二〇世紀から持ち越した課題の多くは、未だ解決の緒を見つけることのできないままであり、二一世紀が新たに招きよせた問題も少なくない。グローバル資本主義の浸透、憎悪の連鎖、暴力の応酬――世界は混沌として深い不安の只中にある。

現代社会においては変化が常態となり、速さと新しさに絶対的な価値が与えられた。消費社会の深化と情報技術の革命は、種々の境界を無くし、人々の生活やコミュニケーションの様式を根底から変容させてきた。ライフスタイルは多様化し、一面では個人の生き方をそれぞれが選びとる時代が始まっている。同時に、新たな格差が生まれ、様々な次元での亀裂や分断が深まっている。社会や歴史に対する意識が揺らぎ、普遍的な理念に対する根本的な懐疑や、現実を変えることへの無力感がひそかに根を張りつつある。そして生きることに誰もが困難を覚える時代が到来している。

しかし、日常生活のそれぞれの場で、自由と民主主義を獲得し実践することを通じて、私たち自身がそうした閉塞を乗り超え、希望の時代の幕開けを告げてゆくことは不可能ではあるまい。そのために、いま求められていること――それは、個と個の間で開かれた対話を積み重ねながら、人間らしく生きることの条件について一人ひとりが粘り強く思考することではないか。その営みの糧となるものが、教養に外ならないと私たちは考える。歴史とは何か、よく生きるとはいかなることか、世界そして人間はどこへ向かうべきなのか――こうした根源的な問いとの格闘が、文化と知の厚みを作り出し、個人と社会を支える基盤としての教養となった。まさにそのような教養への道案内こそ、岩波新書が創刊以来、追求してきたことである。

岩波新書は、日中戦争下の一九三八年一一月に赤版として創刊された。創刊の辞は、道義の精神に則らない日本の行動を憂慮し、批判的精神と良心的行動の欠如を戒めつつ、現代人の現代的教養を刊行の目的とする、と謳っている。以後、青版、黄版、新赤版と装いを改めながら、合計二五〇〇点余りを世に問うてきた。そして、いままた新赤版が一〇〇〇点を迎えたのを機に、人間の理性と良心への信頼を再確認し、それに裏打ちされた文化を培っていく決意を込めて、新しい装丁のもとに再出発したいと思う。一冊一冊から吹き出す新風が一人でも多くの読者の許に届くこと、そして希望ある時代への想像力を豊かにかき立てることを切に願う。

（二〇〇六年四月）

文学

現代秀歌	永田和宏
近代秀歌	永田和宏
俳人漱石	坪内稔典
正岡子規 言葉と生きる	坪内稔典
季語集	坪内稔典
言葉と歩く日記	多和田葉子
杜甫	川合康三
白楽天	川合康三
古典力	齋藤孝
読書力	齋藤孝
食べるギリシア人	丹下和彦
和本のすすめ	中野三敏
老いの歌	小高賢
魯迅	藤井省三
ラテンアメリカ十大小説	木村榮一
王朝文学の楽しみ	尾崎左永子
文学フシギ帖	池内紀
ヴァレリー	清水徹
ぼくらの言葉塾	ねじめ正一
わが戦後俳句史	金子兜太
季語の誕生	宮坂静生
和歌とは何か	渡部泰明
ミステリーの人間学	廣野由美子
小林多喜二	ノーマ・フィールド
いくさ物語の世界	日下力
論語入門	井波律子
中国の五大小説 上 三国志演義・西遊記	井波律子
中国の五大小説 下 水滸伝・金瓶梅・紅楼夢	井波律子
中国文章家列伝	井波律子
三国志演義	井波律子
折々のうた	大岡信
新折々のうた 総索引	大岡信編
中国名文選	興膳宏
アラビアンナイト	西尾哲夫
グリム童話の世界	高橋義人
ホメーロスの英雄叙事詩	高津春繁
小説の読み書き	佐藤正午
チェーホフ	浦雅春
英語でよむ万葉集	リービ英雄
源氏物語の世界	日向一雅
花のある暮らし	栗田勇
一億三千万人のための小説教室	高橋源一郎
ダルタニャンの生涯	佐藤賢一
漢詩	松浦友久
花を旅する	栗田勇
一葉の四季	森まゆみ
翻訳はいかにすべきか	柳瀬尚紀
太宰治	細谷博
短歌パラダイス	小林恭二
歌い来しかた	近藤芳美
隅田川の文学	久保田淳
漱石を書く	島田雅彦
短歌をよむ	俵万智
西行	高橋英夫
新しい文学のために	大江健三郎

岩波新書/最新刊から

1614 ルポ 看護の質 ―患者の命は守られるのか― 小林美希 著

まるで「人間の整備工場」と化す病院……。看護の最前線で、何が起こっているのか。悲鳴を上げる現場からの生々しいレポート。

1615 天下と天朝の中国史 檀上寛 著

細密に築かれた統治構造「天朝体制」とそれに基づく天下観の変遷をたどり、三千年の歴史と中華帝国の行動原理を捉える。

1616 アメリカ政治の壁 ―利益と理念の狭間で― 渡辺将人 著

「共和党と民主党」で「保守とリベラル」は語り尽くせない。次期大統領も逃れられないジレンマとは？ 厄介なねじれを読み解く。

1617 やさしい日本語 ―多文化共生社会へ― 庵功雄 著

日本に定住する外国人とその子ども、障害をもつ人、日本語を母語とする人にとって〈やさしい日本語〉がもつ意義とは。

1618 鳥獣害 動物たちと、どう向きあうか 祖田修 著

イノシシ、シカ、サル、クマなどによる鳥獣害が深刻化し、近年は都市部にも現れる。その原因と各地での対策、そして今後を考察。

1619 戦国と宗教 神田千里 著

乱世を生きる人々を支えた信仰とは？ 大名の戦勝祈願、庶民の本願寺信仰、キリスト教の移入等を、「天道」に注目しつつ読み解く。

1620 日本の一文30選 中村明 著

プロの作家による、読み手を唸らせる名表現。そこにある表現のテクニックとは？ 読みたい人にも書きたい人にもお薦めの一冊！

1621 ルポ 貧困女子 飯島裕子 著

アラフォー／非正規／シングル／子どもなし。気がつけば、崖っぷち…。極めて見えにくい、若年女性たちの直面する困難とは？

(2016. 10)